Frédéric Schulz

MÉTHODE
PRATIQUE
d'analyse du
THÈME INDIVIDUEL

NUMÉROLOGIE

14
59

Individualiste doux optimiste sérieux **libre solitaire** secret têtu exigeant original **combatif passionné**

Comprendre qui je suis
et pourquoi je suis né(e)

en **23** étapes !

NIVEAU **1**

fs.

Pour contacter l'auteur :

numerologie.dynamique@gmail.com

À paraître :

La Numérologie dynamique

Se connaître pour mieux gouverner
et **dynamiser sa vie !**

Couverture :
Jean-François SCHULZ
www.jf-schulz-foto.fr

ISBN : 9798644500567

Tous droits réservés, y compris droits de reproduction totale ou partielle sous toutes ses formes.

Copyright © Juin 2020 Frédéric Schulz

AVERTISSEMENT

Ce premier ouvrage constitue une base fondamentale et indispensable au décryptage d'une identité étudiée sous l'angle symbolique des nombres. Il permet de cerner rapidement l'essentiel d'un caractère et de déterminer avec précision les aptitudes et les véritables potentialités d'une personnalité. Il n'expose cependant qu'une numérologie « élémentaire » et présente, une partie seulement, des outils et des techniques utilisés et connus à ce jour par les numérologues. En aucune façon ce manuel n'a pour objectif de présenter la numérologie de manière exhaustive et d'élever le lecteur au rang d'« expert numérologue » ou de « name-profiler ». Tant s'en faut. Plusieurs livres sont nécessaires pour aborder avec sérieux et précision les approches psychologiques et caractérologiques ainsi que les cycles, l'excursion des lettres de passage, les astrocycles, les essences… J'ajoute que c'est une discipline qui nous engage à apprendre, à explorer, à découvrir, à nous informer continuellement si l'on souhaite améliorer graduellement la justesse et la qualité de nos interprétations. Ainsi, on ne devient jamais véritablement « maître » en la matière. Au mieux, pourrions-nous espérer devenir les meilleurs « ambassadeurs » d'une bonne pratique numérologique. Par ailleurs, seul l'exercice régulier permet de gravir les marches du savoir-faire. La majorité des connaissances s'acquièrent et émanent de l'expérience.

Ainsi, et bien qu'elle soit fiable, cette méthode pratique d'analyse du thème individuel mérite d'être complétée. D'autres écrits, d'autres courants vous permettront d'appréhender au plus juste une personnalité, un chemin de vie ou une année personnelle. Ils vous conduiront à une lecture plus fine, à l'élaboration de synthèses plus riches et peu à peu plus pertinentes. Multipliez les expériences et les ressources sans complexe !

Sachez par ailleurs qu'une part d'inconnu subsistera immanquablement dans vos investigations et vos tentatives de compréhension de l'humain. En effet, la numérologie ne décrit jamais intégralement une personnalité et moins encore la totalité très « alambiquée » des schémas intérieurs et inhérents à chaque individu. La psychologie humaine est bien trop complexe pour espérer la « déchiffrer » dans son intégralité et qui plus est sans peine. C'est un périple fascinant mais énigmatique, un chemin parfois obscur, mystérieux et surprenant qu'il nous faut apprendre à décoder. Il nous faut donc savoir accepter nos limites personnelles, comme celles de la numérologie. Il est par conséquent bon de faire preuve de modération et de nuance dans nos interprétations. Évitons de forcer le trait et de donner dans l'exagération ou la caricature. Soyons mesurés dans nos propos. La numérologie est une science humaine dont la pratique se bonifie avec le temps et l'expérience. J'ajoute qu'elle va de paire avec le respect d'autrui. Acceptons donc de ne pas avoir réponse à tout. Il est de notre devoir de le faire savoir ! Cela conduit aussi à la nécessité de parfaire nos connaissances sans relâche et de consolider nos acquis tout en sachant faire preuve de modestie. Développons aussi notre esprit d'analyse et nos capacités de synthèse. Apprenons, pas à pas, à aiguiser notre perspicacité.

Si vous ouvrez ce livre, c'est que vous vous êtes sans doute ouvert à vous-même. Vous allez, modestement, faire un pas, puis deux vers la connaissance de votre être profond. Un proverbe chinois nous dit à ce sujet qu' « il vaut mieux allumer une seule et minuscule chandelle que de maudire l'obscurité. » Ce livre n'est pas une fin en soi, vous l'avez compris, mais le tout début (la minuscule chandelle) d'une enquête fascinante et d'une saisissante introspection.

Faites une lecture linéaire de cet ouvrage et non parcellaire. Abordez le symbolisme de chacun des nombres pour enrichir la lecture et la compréhension de votre propre thème. Vous découvrirez des éléments de réponse à toutes les étapes ! Car en réalité, nous ne sommes pas simplement un 6, un 1 ou un 9 mais nous sommes tous les nombres ! Le schéma numérologique de chacun d'entre nous contient en effet l'intégralité des nombres de 0 à 9 sans aucune exception ! Chacun diffuse à travers nous une énergie singulière qui s'exprime selon des modes très variables. Ils s'entremêlent pour former un ensemble, un tout, une constellation numérique unique qui nous caractérise de manière individualisée.

Sachez que je reste ouvert à toutes vos remarques concernant ce livre et la numérologie en général. Il vous est possible de me contacter à l'adresse suivante :
numerologie.dynamique@gmail.com

Je vous souhaite à présent d'entamer une lecture enrichissante de vous-même mais également bon courage, car il en faut, dans cette passionnante et captivante aventure numérologique ! Vous le constaterez par vous-même, elle est sans fin...

INTRODUCTION

On entend souvent dire que la numérologie est vieille comme le monde et que son origine se perd dans la nuit des temps.
Cependant, la numérologie, telle qu'on la pratique aujourd'hui, est une discipline récente qui a vu le jour aux États-Unis. Ce sont les numérologues américains qui l'ont sortie de l'ombre en adaptant la symbolique pythagoricienne au monde contemporain. En France, c'est à partir des années 80 qu'elle a connu un essor considérable. Ce sont tout particulièrement les travaux de Jean-Daniel Fermier, François Notter, Françoise Daviet et Philippe de Louvigny qui ont permis les plus grandes avancées. Tous ont apporté, selon leur sensibilité, des éléments de compréhension significatifs et précieux pour l'analyse du thème individuel. Ils ont incontestablement contribué aux progrès de la discipline et l'ont mise à la porté du plus grand nombre. Ma pratique s'est largement nourrie de ces différentes approches. D'autres numérologues ont également apporté leur contribution et la numérologie ne cesse de s'enrichir. Le sujet est vaste et il reste encore aujourd'hui beaucoup de questions en suspens auxquelles nous souhaitons pouvoir répondre. Les connaissances actuelles méritent donc d'être affinées. Pour celles et ceux qui souhaiteraient approfondir le propos de ce livre, sachez que vous trouverez en fin d'ouvrage une courte mais sérieuse bibliographie. Peut-être suscitera-t-elle en vous l'engouement que je connais maintenant depuis plus de 20 ans !

La numérologie est communément appelée « science des nombres ». Elle s'interesse à leur valeur symbolique et à l'énergie qu'ils véhiculent et non à leur valeur quantitative qui est l'apanage des mathématiques. Les nombres, de 1 à 9, sans oublier le 0, sont en quelques sortes des vibrations qui influencent les comportements et rythment, à travers des cycles, la vie de tout un chacun. Ils nous délivrent des messages qu'il nous faut analyser, comprendre et interpréter. Ainsi, Les différentes recherches menées par les numérologues ont permis d'affirmer avec certitude que :

- le 1 exprime l'activité et la confiance ;
- le 2 exprime le calme et l'attention ;
- le 3 exprime la spontanéité et la création ;
- le 4 exprime la prudence et la patience ;
- le 5 exprime l'indépendance et la liberté ;
- le 6 exprime la responsabilité, le perfectionnisme et l'exigence ;
- le 7 exprime la singularité et la spiritualité ;
- le 8 exprime le courage et la combativité ;
- le 9 exprime l'idéalisme et le détachement…

Fort de ce constat, les méthodes se sont multipliées, les approches diversifiées. Chacun essayant d'apporter sa pierre à l'édifice. Toujours est-il que la majorité d'entre elles ont une base commune : les nom, prénom(s) et date de naissance. Malheureusement, les numérologues sont la plupart du temps isolés et la mise en commun des pratiques, le partage des découvertes ainsi que le retour d'expérience sont difficiles à opérer. Les savoirs sont ainsi dispersés dans une multitude d'ouvrages. Les influences et les pratiques sont nombreuses. C'est la raison pour laquelle il est si difficile, voire impossible de synthétiser un tel savoir dans un seul livre. Nous nous contenterons à travers ces quelques pages d'effleurer simplement le sujet.

Ainsi, c'est à partir des lettres de notre identité complète et de notre date de naissance qu'il est possible d'esquisser un profil psychologique puis de connaître les multiples cycles qui balisent notre mission de vie. Il nous est dès lors aisé d'étendre notre pouvoir décisionnel et d'apporter une part de lucidité non négligeable à nos conduites. Il est cependant important de souligner que de nombreux comportements échappent à notre conscience car ils sont, en partie, le produit d'expériences antérieures. Elles représentent, d'une certaine manière, l'héritage de l'âme. Elles s'amalgament aux apprentissages du présent et se font complices du parcours qu'il nous faut maintenant explorer. La part d'inconscient qui siège en chacun de nous participe donc aux opportunités de croissance proposées au fil de notre incarnation actuelle. Notez qu'il n'est nul besoin d'approuver la théorie de la réincarnation pour pratiquer la numérologie.

La traduction d'un schéma numérique doit faire appel à un minimum d'intuition. Celle-ci nous est accessible à tous mais son intensité varie d'un individu à l'autre. Il faut apprendre à lâcher prise, à dépasser les règles et les méthodes exposées dans les livres si l'on souhaite parfaire notre habileté d'interprétation. C'est à nous de stimuler notre acuité, notre esprit d'analyse et de synthèse en pratiquant régulièrement, en nous entraînant, tout simplement. Chacun apportera sa touche personnelle mais il est essentiel d'avoir un regard éclairé sur nous-même afin d'éviter au maximum les mécanismes de projection. Ajoutons que toute vision humaine est par définition subjective. La numérologie n'est, par conséquent, pas une science exacte.

La numérologie nous permet de comprendre qui l'on est véritablement. Elle fait la lumière sur nos points forts, nos écueils et nous donne le pouvoir d'exprimer notre personnalité dans sa totalité. Elle nous permet de lutter contre les blocages qui constituent les freins à notre épanouissement.

Mieux nous connaître et découvrir ce qui donne du sens à notre vie, c'est ce que je vous propose de découvrir grâce à la numérologie ! Je vous conseille de commencer par votre propre étude de cas et de l'approfondir avec les ouvrages mentionnés dans la bibliographie. Pour terminer, et pour ceux qui s'engagent à aller encore plus loin, trois mots qui feront de vous de nobles numérologues : sérieux, sagesse et humilité.

Je vous souhaite d'en faire bon usage !

« **Qui pince les cordes avec frénésie ne peut faire douce musique.** »

Lou KI

(**référence au nombre 2** – Calme et douceur)

Ce livre est émaillé de citations destinées à une meilleure intégration des symboles contenus dans les nombres.

Elles peuvent permettre en outre une ouverture et une lecture plus qualitative du thème numérologique.

Vous trouverez également à l'intérieur de ce livre de nouvelles approches, comme les noyaux, les nombres antidotes ou encore les « drivers » qui vous aideront à mieux cibler et à affiner vos analyses.

QUELQUES PRINCIPES LIÉS À LA PRATIQUE DE LA NUMÉROLOGIE

La numérologie est un outil destiné à la connaissance de soi et des autres, à la croissance et à la transformation personnelle. Cela implique un questionnement régulier et la nécessité d'agir pour déverrouiller les mécanismes inadaptés de notre personnalité.

L'analyse numérologique doit permettre la mise en lumière de la singularité de chacun. Aucun profil n'est semblable en tous points. Par conséquent, nous sommes tous différents.

Chacun doit admettre qu'il peut progresser. Car nous sommes tous imparfaits. Nous avons tous à apprendre de nous-mêmes et des autres. Nous sommes évolutifs et nous devons opter pour une croissance personnelle volontaire et dynamique. L'équilibre naît de l'oscillation. C'est pourquoi rien n'est jamais parfait ou figé !

La numérologie permet d'acquérir progressivement une conscience de soi. La numérologie nous permet d'échapper aux scénarios qui ne sont pas les nôtres en changeant l'image que l'on a de soi et de ceux qui nous entourent pour transformer et dynamiser notre vie. Libérés de nos chaînes nous pouvons enfin commencer à travailler à devenir soi !

Chacun possède un potentiel à exprimer. Personne n'est nul en tout ou bon en rien ! Nous avons tous un capital culturel et social, un savoir faire et un savoir être, un potentiel à explorer... Vous a-t-on dit que vous n'étiez pas fait pour ceci ou pour cela ? Vous a-t-on dit ou vous a-t-on fait comprendre que vous n'iriez jamais bien loin dans la vie ou que vos projets étaient fantaisistes, farfelus, irréalisables... Vous a-t-on, par la même occasion, fait renoncer à vos espoirs, à vos desseins ? Quant à vous, pensez-vous n'être pas capable de mieux ? Pensez-vous ne pas pouvoir atteindre vos objectifs ? Pourquoi ? Ignorez-vous votre aptitude au progrès ? Éliminez vos croyances limitantes issues de votre éducation, de vos origines ou de votre milieu passé et actuel (parents, écoles, famille, amis, médias, institutions, emplois, statuts...). Oubliez les clichés véhiculés encore et toujours par les médias à coup de rapports et d'études statistiques sur les classes sociales et les zones géographiques... Ne vous laissez pas formater par les idées inhibitrices exprimées par d'autres, par ceux qui ne vous connnaissent qu'à moitié et qui projettent sur vous leurs déceptions et leur incapacité à se remettre en question. Sortez de ce carcan ! Vous pouvez aussi vous réiventer en permanence pour vous ajuster à la vie, agir selon votre nature et activer vos leviers. **La Numérologie est un outil dynamique et stratégique de croissance, de libération et de recentrage personnel.** Il n'y a pas d'âge pour se mettre en route vers la croissance personnelle ou pour prendre la direction d'un nouveau chemin, si tant est que vous vous mettiez, à votre rythme, à marcher vers l'objectif que vous vous êtes vous-même donné d'atteindre. Mais quel est-il ? Quel est votre objectif prioritaire ? Est-ce suffisamment clair et limpide en vous ? J'ai souvent rencontré des personnes résignées et sans but. Certaines pensent que les dés sont jettés à 40 ou 50 ans et attendent passivement l'échéance de « la retraite » en se disant parfois : « on verra bien... », « vivement la retraite ! », « tu sais, à mon âge... » ou encore « J'en ai assez ! », ce que l'on peut parfaitement et très légitimement comprendre. C'est ainsi que Louise et Jean ont laissé filer les années en espèrant pouvoir être, le moment venu, celui et celle qu'ils auraient aimé être aujourd'hui, tout en escomptant également pouvoir faire ce qu'ils auraient aimé faire aujourd'hui, sans toutefois s'engager véritablement dans une quelquonque action ! À la retraite, c'est vrai, ils auront du temps, mais même s'il n'y pas d'âge pour démarrer de nouveaux projets, auront-ils l'éternité devant eux ? Alors pourquoi attendre ? Le propos qui suit est « sombre », mais pensons à ceux qui n'atteignent même pas l'âge de la retraite ! Connaissons-nous la date de notre mort ? Non ! À la retraite, aurons-nous encore l'énergie de mener à bien nos projets ? Certains sans doute mais pas tous ! Attendre c'est prendre le risque de s'engager dans une impasse, une voie sans issue et ce n'est, selon moi, pas la meilleure des stratégies. La résignation est une notion dangereuse et contagieuse que l'on ne drevrait pas s'autoriser. Faites barrière, protégez-vous ! Alors, que vous ayez 20, 30, 50, 60, 75 ans et demi ou plus encore, que votre projet soit d'ordre spirituel, professionnel, familial, sportif, artistique, créatif, sentimental, culturel, financier, personnel… faites-le et commencez-le maintenant. La vie n'est ni derrière ni devant nous, elle est, selon une formule bien connue, ici et maintenant. N'attendez plus pour créer le jardin d'ornement que vous avez imaginé il y a 10 ans déjà, n'attendez plus pour exposer vos photos, pour apprendre l'espagnol, écrire les premières lignes de votre tout premier roman, obtenir un diplôme, faire part de vos sentiments, vous engager dans une association caritative, restaurer le meuble qui traîne depuis si longtemps dans votre grenier, créer votre emploi, créer un club, organiser un trek, apprendre le piano ou la photo… bref les idées ne manquent pas ! Faites des choix, organisez-vous, investissez-vous et accordez-vous le temps nécessaire à la réalisation de votre programme. Vous n'avez pas le temps ? Réduisez la durée passée à des activités secondaires ou sans grand intérêt, voire complètement inutiles. Identifiez-les et fixez-vous des priorités. Ne courez pas plusieurs lièvres à la fois, cela va de soi. Restez concentré mais ne négligez jamais vos temps de repos. Il ne s'agit pas de courir dans tous les sens pour rattraper le temps que nous avons laissé s'écouler devant nos yeux. Le vide d'un jour perdu ne sera jamais rempli ! Posez vos nouvelles fondations personnelles, établissez vos nouvelles règles, optez pour de nouveaux comportements. Créez votre être d'aujourd'hui, maintenant !

FAIRE, AVOIR OU ÊTRE ?

On peut vivre et se fixer des objectifs dans les domaines de « l'avoir », du « faire » ou de l' « être ». L' « avoir » est un puit sans fond qui mène souvent à l'insatisfaction de ne pas tout avoir, car il nous manque toujours quelque chose. Nous vivons dans une société moderne qui crée de nouveaux besoins en permanence et nous place au rang de simple consommateur avant celui d'individu. Dans le « faire », nous créons une dynamique, nous allons de l'avant et cela demande une énergie considérable que nous n'avons cependant pas notre vie durant. On risque l'épuisement. Les objectifs qui concernent le domaine de l' « être » ou de l'épanouissement procurent de façon plus durable un sentiment d'accomplissement et de plénitude. Bien-sûr, « faire » et « être » sont souvent liés et indissociables. On ne peut pas vraiment « être » sans « faire ».

Le schéma classique issu de l'éducation et plus largement de la société est souvent le suivant : on nous incite d'abord à « faire » (travailler) pour « avoir » (gagner de l'argent, avoir des biens matériels, une maison, un conjoint, une famille…) au détriment de notre « être » (faire ce qui nous correspond en déterminant nos priorités, en apprenant à nous connaître et à nous épanouir). Il est donc plus judicieux de placer l' « être » au premier plan. Préférez le schéma : « être » (nous demander qui l'on est et quel est notre originalité, nous réaliser, nous épanouir) --> qui nous pousse à « faire » (agir, travailler en accord avec nous-même et nous permettre de « booster » notre motivation) --> qui nous permet d '« avoir » (obtenir ce que l'on veut et récolter le fruit de notre travail en cohérence avec nous-même). Il s'agit, en fait, d'inverser l'ordre de nos priorités. Ainsi, nous n'attendons pas une hypothétique retraite, usés, pour certains, par des années de labeur, pour enfin nous épanouir ! La règle est fixée dès le départ ! On se place d'emblée au centre de nos préoccupations, au centre de notre vie ! Et ce n'est pas de l'égocentrisme mais du bon sens ! La frustration est souvent le seul fruit récolté dans le premier schéma. « Faire --> avoir --> être » conduit le plus souvent à remettre sa vie à demain... Bien qu'il ne soit jamais trop tard, la retraite n'est pas toujours, et pour de nombreuses raisons, la période la plus propice à l'épanouissement.

⚠ **Qui veut ne peut pas toujours !** Certains d'entre nous ne parviennent pas toujours à surmonter leurs peurs, leurs angoisses, leurs blessures. Ce sont les personnes qui ont rencontré de véritables difficultés, celles qui ont vécu l'injustice, la violence physique ou psychologique, l'exclusion ou un traumatisme, quelqu'en soit sa force et sa nature... Elles ont du mal à avancer sur le chemin de la vie. Une part d'eux-mêmes est comme exténuée, parfois brisée...

Ainsi, le « Qui veut peut » peut être culpabilisant pour celui qui vit ou a vécu une adversité chronique, des périodes conflictuelles répétées ou l'injustice, pour celui dont les ressources, l'estime personnelle et la part de narcissisme utilent en chacun de nous ont été anéantis par des expériences douloureuses. Cette « adynamie », cet essoufflement au long cours, ne lui permettent plus, par conséquent, de rebondir, sinon péniblement. Qui veut ne peut donc pas toujours ! Ce n'est cependant pas forcément faute de potentialités ! Certains ont pour nécessité de se reconstruire parfois lentement avant de pouvoir se tenir debout et refaire un pas en avant. Cela se manifeste souvent lors du passage d'un cycle 1, symbole du Moi, de l'identité et de la confiance retrouvée. C'est la raison pour laquelle le « transit » du 1 n'est pas assurément synonyme d'activité et de réussite sociale ou professionnelle ! Les potentialités du 1 (assurance, énergie...) restent néanmoins présentes et accessibles. Elles sont, d'une certaine manière, à disposition et dans l'expectative d'une activation par le sujet lui-même. Ce même principe vaut pour tous les nombres. La prudence s'impose donc dans l'interprétation. Celle-ci exige une analyse rigoureuse et « holistique » du thème. Encore une fois, sachez fixer vos limites et orientez les individus les plus vulnérables vers les personnes les plus qualifiées. L'interprétation hasardeuse est à proscrire !

La numérologie est une puissante base de réflexion. Elle répond essentiellement aux questions : « **Qui-suis-je** au fond ? **Quelles sont mes valeurs ? Quelles vertus** ai-je envie de mettre en exergue **dans ma vie** ? ».

Elle invite aussi à **entrer librement en compétition avec soi-même pour devenir le meilleur de soi** ! Mais rien ne nous y oblige ! L'essentiel est de se sentir soi et surtout de se sentir bien ! Si tel est votre cas, alors vivez, suivez votre chemin tout simplement car « la vie est un mystère qu'il faut vivre et non un problème à résoudre. » disait Gandhi.

Dernier principe et non des moindres : vous pouvez décidez maintenant ! « Mais quoi ? » me direz-vous ! La réponse est simple. **Vous pouvez décider maintenant** de ce que vous allez faire du temps qui vous appartient. Il est bon d'avoir un regard avisé sur ce qui représente l'essence même d'une vie : **c'est notre capacité, c'est à dire l'énergie que l'on consacre, à faire fructifier le temps qui nous a été accordé et à utiliser à bon escient notre capital vie sur tous les plans. C'est aussi notre capacité à la rendre féconde et pleine de sens.** *« Rien n'abrège la vie comme les pas perdus, les paroles oiseuses et les pensées inutiles »*[1]. Autrement dit, nous devons construire notre vie et

---
[1] Sentences et proverbes de la sagesse chinoise – B. Ducourant – éd. Albin Michel.

nous avons besoin pour cela d'un plan et d'objectifs à dimensions variables, à court, moyen et long terme. À notre mesure, nous devons donc nous impliquer, nous engager. Vous conviendrez que l'on apprend pas à jouer du violon en regardant la télévision. De même que si votre intention future est de courir 10 km en moins de 45 minutes, cela vous demandera, comme pour une majorité d'entre nous d'ailleurs, un entraînement sérieux, qui de préférence, commence maintenant ! Faites, dès aujourd'hui, vos premiers kilomètres ! « Demain » est déjà le signe du découragement et de la résignation ! La vie a besoin de nous pour faire éclore et projeter devant nous tous ses possibles, toutes ses couleurs ! Nous sommes constitués d'énergies ! Activez-les et prenez le chemin de votre choix, le plus beau, celui qui semble vous procurer de la joie et de la satisfaction... À votre rythme et selon vos possibilités, parcourez-le !

Nous avons devant nous toute une vie (à amplitude variable, il faut en avoir conscience) pour réaliser nos rêves ou simplement nous accomplir. Il ne s'agit pas forcément de faire des choses hors du commun mais d'essayer de rester dans une dynamique consciente de croissance personnelle, c'est à dire de savoir ce que l'on veut à chaque instant de notre vie, d'être en accord avec nous-même pour ne pas, au terme de notre incarnation, avoir la pénible sensation de n'avoir pas tout donné, tout tenté. Il ne s'agit pas de nous lancer corps et âmes dans l'action sans retenue ou dans des projets d'envergures qui nous dépassent et nous épuisent mais de tenter de trouver un équilibre personnel en orientant nos actes vers les valeurs qui nous semblent les plus en adéquation avec notre nature profonde. On peut aussi lâcher prise quand on le souhaite... Chacun, par petites touches, peut trouver de quoi s'épanouir. Le tout est d'avoir un but bien précis. Certains ont pour objectif d'atteindre une certaine quiétude et d'apprécier le calme de la nature environnante. D'autres feront tout pour gravir les marches, jusqu'à la dernière, de l'échelle sociale. D'autres encore auront 2, 3 ou 4 objectifs simultanés, parfois aux antipodes les uns des autres ! Chacun conçoit sa vie et son bonheur à sa manière et c'est à chacun de déterminer son échelle des valeurs. Considérons, de plus, qu'il n'y aucune valeur prééminente, simplement parcequ'elles sont propres à chacun. Rappelons ici que le bonheur n'est pas permanent. Nous sommes tous, toujours, en recherche d'équilibre, donc de bonheur. *Le bonheur vient de l'attention aux petites choses, et le malheur de la négligence des petites choses.* » (Liou-Hiang). C'est une philosophie, une piste, un chemin parmi tant d'autres…

Pour conclure, je reprendrais une des nombreuses citations du livre de Dan Millman « votre chemin de vie » (éditions du Roseau) dans lequel il évoque certaines « lois ». On peut y lire à propos de « la loi de l'action » :

« La vision ne mène à rien, à moins qu'elle ne se conjugue avec l'aventure. Il ne suffit pas de regarder en haut des escaliers, il faut se mettre à monter les marches. »

Vance Havner

CULTIVEZ LA COHÉRENCE PERSONNELLE EN IDENTIFIANT ET EN RESPECTANT VOS VALEURS PERSONNELLES

Les valeurs personnelles se définissent à travers un socle sur lequel reposent des repères et des besoins essentiels qui guident les individus. Ce sont des sensibilités, des convictions ou des principes importants auxquels nous sommes attachés, des sortes d'évidences qui s'imposent à nous et qui motivent nos actions. Elles sont le fondement de nos décisions et répondent à la question : pourquoi nous agissons comme nous agissons ? Elles sont souvent le fruit de notre éducation et de nos expériences personnelles. Bien que nous n'en n'ayons pas forcément conscience elles ont un impact sur nos décisions du quotidien et nos affects. Bien sûr, nous pouvons transformer nos valeurs et les faire évoluer à notre gré.

Respecter nos valeurs nous permet d'être cohérent avec nous-mêmes et nous conduit vers l'accomplisssement personnel.

Ainsi, identifier nos valeurs et nos besoins, nous permet de les replacer au centre de notre vie pour des choix plus éclairés et une plus grande connexité personnelle. Cela renforce ainsi notre motivation et donne du sens à nos actes. Quoi de plus déprimant que de faire des choix à contre cœur ou de n'être tout simplement pas en phase avec soi-même, de subir, de suivre un chemin qui ne nous ressemble pas ou de rester dans le sillage tout tracer par un autre !

Quels sont vos valeurs ? Qu'y-a-t-il d'important à vos yeux ?

Est-ce la sécurité, la spiritualité, la justice, l'ambition, le respect, la créativité, l'harmonie, l'amour, l'égalité, le challenge, la liberté, le partage, la solidarité, la performance, la réussite sociale, le dépassement de soi, la croissance personnelle, la bienveillance, l'humilité, l'humanisme, la culture, l'hédonisme, la conformité, l'universalisme, l'aventure, la prospérité, l'humour, l'authenticité, l'intégrité, l'héroïsme, la frugalité, la beauté, le charme, la courtoisie, l'indulgence, la paix, la nature, la non violence… ?

Prenez le temps d'identifier vos valeurs. 5 ou 6 suffiront. Hiérarchisez-les. Identifiez celles qui vous paraissent être les 2 ou 3 valeurs les plus importantes. Posez-vous les questions suivantes. Quelle est la valeur, qui m'anime, celle qui me met le plus en mouvement ? Ex : l'amour. Quelle est la valeur dont j'ai le plus besoin, celle qui me manque, qui me fait défaut ou que j'aimerais acquérir ? Ex : le goût du challenge. Quelle est la valeur qui me correspond le moins ? Ex : la spiritualité. Quelle est celle que je rejette, qui m' « effraie », me rebute ? Ex : l'hédonisme (recherche exclusive du plaisir et évitement de la souffrance). Nourrissez-vous vos valeurs ? Exprimez-vous des comportements contraires à vos valeurs ? En êtes-vous contraint ? À ce stade vous êtes déjà en mesure de comprendre l'origine de votre manque de motivation, de votre amertume ou votre sentiment de mal-être face à la vie le cas échéant. Car il est normal que lorsque l'on vit un conflit de valeurs, notre motivation diminue. C'est alors que l'on glisse progressivement vers l'insatisfaction et ce que l'on appelle la « souffrance éthique ».

Si à l'instant, vous vous apercevez que vous ne nourrissez pas vos valeurs fondamentales, ou si vous êtes simplement « à côté » ou à contresens, alors il est temps pour vous de vous engager dans l'action et de vous demandez comment les exprimer, dans quels domaines et en quelles circonstances ? Fixez-vous des objectifs. Vérifiez ensuite si vos conduites sont en accord avec vos valeurs.

Et la numérologie dans tout ça ?

La numérologie nous permet d'identifier nos valeurs.

Notre valeur principale est déterminée par le nombre de structure (total des consonnes de tous les prénoms et du nom de famille). Elle « charpente » l'individu et elle est généralement bien enracinée. C'est un besoin fondamental à respecter et à faire respecter par l'individu lui-même. Lorsque le sujet s'éloigne trop de cette valeur ou s'il se trouve dans une situation qui la heurte, son équilibre s'en trouve souvent perturbé. En latin « Valere » veut dire être fort ! La perte ou l'éloignement de nos valeurs nous rend donc vulnérable. À contrario, vivre en accord avec nos valeurs nous rend plus fort ! Un nombre de structure 1, par exemple, doit prendre conscience de la nécessité pour lui d'exprimer des valeurs relatives à l'audace, à la croissance personnelle, à un besoin de prestige, d'indépendance, d'autorité ou de réussite sociale. Vous trouverez les différentes valeurs du 1 en furetant dans les définitions, les messages et les nombreux mots clés relayés par le 1. Un 4, quant à lui, est attaché à des valeurs liées à la sécurité, au respect des règles ou à un besoin de respectabilité. Le sujet n'en a pas toujours conscience jusqu'au jour ou il s'en trouve démuni ou lorsque qu'un blocage vient entraver l'expression de la dite valeur. Explication : votre valeur forte est l'indépendance. Si celle-ci est menacée, votre état émotionnel vous alerte. Si vous ne parvenez pas à la préserver, une sensation désagréable vous mine ou vous rend malheureux. Si au contraire vous l'exercez pleinement, cela se traduit par la satisfaction et l'épanouissement. Si vous êtes placé dans une situation de dépendance, la frustration est forte, trop pesante...

La deuxième valeur est déterminée par le nombre de motivation (total des voyelles de l'identité complète). C'est une valeur profonde car elle est ancrée dans les aspirations et les espoirs du sujet. Elle est parfois en contradiction avec celle du nombre de structure. Ainsi, on peut avoir une valeur 4 (valeur de sécurité) en nombre de structure et un 5 (anticonformisme, liberté, ouverture aux changements...) en nombre de motivation. C'est au sujet d'harmoniser ses deux tendances et d'en faire une synthèse cohérente pour en faciliter l'expression. Cela vous parlera davantage à l'issue de la lecture de ce livre.

La troisième valeur est représentée par le nombre du chemin de vie (résultante de l'addition du jour, du mois et de l'année de naissance). Le sujet est invité à développer la ou les valeurs en correspondance avec les symboles du nombre en question. Celles-ci seront source d'accomplissement et d'équilibre.

La quantité de nos valeurs ne s'arrête pas, vous l'avez compris, à ces 3 nombres. C'est une première piste à ne pas négliger. À chacun de développer les valeurs personnelles qu'il souhaite mettre en application tout au long de son cheminement.

Voici quelques exemples de valeurs pour chaque nombre :

1 : goût du challenge, acquisition de compétences personnelles, réalisation personnelle. Valeurs de prestige...
2 : égalité, équilibre, éviter de blesser les autres et être attentif à leurs besoins, partage...
3 : profiter de la vie, des plaisirs, épicurisme. Privilégier la facilité en toute occasion, avoir une vie cool, insouciante...
4 : être respecté, être en sécurité. Se montrer fiable. Importance de la valeur du travail, de l'effort, du mérite...
5 : aventure, expérimentation, liberté, émancipation...
6 : Appartenance et fidélité au groupe, bienveillance, prendre soin des autres. Valeur/besoin/exigence de qualité (en opposition à la médiocrité, l'imperfection, la mauvaise facture ou la banalité).

7 : culture, démarcation, retrait, éloignement, distanciation par rapport au groupe d'appartenance (individualisation en sciences sociales). Développement intellectuel ou personnel...
8 : pouvoir, autorité, dominance sur les ressources ou les personnes, détermination, héroisme...
9 : humilité (reconnaître son insignifiance dans le tout), bienveillance. Accomplissements importants, connaissances, humanisme, partage, grandeur...

Notez que nos valeurs évoluent et s'actualisent au fil de notre parcours. Il est par conséquent utile de faire le point de temps en temps. L'étude des cycles du chemin de vie est à ce propos riche d'enseignements.

Pour résumer :

Déterminer nos valeurs nous permet de trouver notre voie et de donner du sens à notre vie.

Tout devient plus facile quand on connaît ses valeurs de vie.

Les valeurs sont la boussole qui guident nos actions en permanence.

Être en accord avec nos valeurs nous permet de nous sentir bien, utile et motivé.

Il est important de ne pas confondre les besoins issus des valeurs avec les désirs. Le besoin n'a pas le caractère superficiel ou momentané de certains désirs qui disparaissent aussi rapidement qu'ils sont venus.

« La vie n'est courte que par le mauvais usage que l'on en fait. »

Sénèque
(Philosophe Romain du 1er siècle)

« Ce que l'on veut, il faut le faire sans tarder. »

William Shakespeare
Dramaturge, poète et écrivain anglais

(1564-1616)

« Celui qui se sera étudié lui-même sera bien avancé dans la connaissance des autres.»

Denis Diderot
Écrivain et philosophe français

(1713-1784)

PREMIÈRE PARTIE

LE SYMBOLISME DES NOMBRES

- Les éléments naturels
- Présentation générale
- Les Maîtres-Nombres
- Citations et nombres

1 3 2 33
4 5 6 22
7 11 8 9

LES 4 ÉLÉMENTS NATURELS ET LES NOMBRES

Chaque nombre est gouverné par un élément dominant, mais tous entretiennent en réalité un lien spécifique avec **le Feu, l'Eau, l'Air et la Terre**. La « magnitude » et les modalités d'expression sont variables et propres à chacun. C'est une classification souvent négligée mais pourtant riche d'informations. Elle nous est utile et nous aide à mieux appréhender le symbolisme des nombres pour ensuite aborder avec plus de facilité l'interprétation du schéma numérologique.

On pourrait dans un premier temps résumer chaque élément par un mot clé : le Feu = énergie ; l'Eau = sensibilité ; l'Air = sociabilité ; la Terre = structuration.

Voyons-les maintenant un peu plus en détail.

Le Feu : symbolise les énergies, la rapidité, la primarité[2], l'activité, l'égo, la passion, l'élan, le conscient, le dynamisme, la vie, l'impulsion, l'homme, le père, la force, l'enthousiasme, la franchise, la fougue, le désir de conquête (qui peut être spirituelle), le courage, la volonté, l'ambition, la confiance en soi... Il faut savoir maîtriser « son Feu » pour éviter qu'il ne devienne colère, violence ou agressivité. Le Feu représente aussi la flamme de l'intuition.

L'Eau : symbolise l'émotion, le sentiment, l'émotivité, la sensibilité, le secret, le rêve, la fécondité, l'inconscient, l'introversion, l'écoute, l'attention, la réceptivité, le calme, l'imagination, la gestation, l'inconsistance, la malléabilité, l'attentisme, la mère, la

---
[2]La primarité et la secondarité sont des éléments de caractérologie que j'aborderai plus en détail dans mon livre à paraître fin 2021 : « La numérologie dynamique ».

symbiose, l'attachement, l'empathie, l'intime… Il faut apprendre à gérer son élément « Eau » pour éviter les tendances à la paresse ou à l'hypersensibilité.

L'Air : symbolise la curiosité, l'intellect, les concepts, la sociabilité, la communication, la vivacité, l'extraversion, la légèreté, l'échange, la parole, la joie, le divertissement, l'effervescence, le déploiement d'énergies multiples, les flux, l'esprit, l'intelligence… Il est utile de maîtriser son élément « Air » pour ne pas tomber dans la superficialité, le manque de profondeur, l'instabilité ou les velléités.

La Terre : symbolise le concret, la stabilité, la base, les racines, le pragmatisme, le réalisme, la secondarité, le solide, la sécurité, la patience, le labeur, la concentration, la résistance, la persévérance, le passé, le temps, la tradition, les structures, la maturité, la mémoire, la mort… Il est utile de maîtriser son élément « Terre » pour éviter l'inertie, le manque de souplesse et de légèreté.

Si vous connaissez déjà un peu la numérologie, vous avez sans doute remarqué l'analogie manifeste qui existe entre ces 4 éléments et les 4 premiers nombres :

- **le 1** est directement associé à l'élément **FEU** ;
- **le 2** est directement associé à l'élément **EAU** ;
- **le 3** est directement associé à l'élément **AIR** ;
- **le 4** est directement associé à l'élément **TERRE**.

1	2	3	4	5	6	7	8	9
FEU	EAU	AIR	TERRE					

Cependant, tous les nombres concentrent en eux, un segment, même relatif, de ces 4 éléments.

Vous conviendrez que nous possedons tous une part de d'énergie ou de volonté (Feu), une part de sensibilité (Eau), une part de sociabilité (Air). Enfin, nous avons tous besoin d'une base sécurisante et de diverses structures (Terre). L'intensité et les modes d'expression de chacun de ces 4 éléments varient d'un individu à un autre, corrélativement à leurs schémas internes et à leurs besoins. Il en va de même pour les nombres. Nous conclurons donc que le 1 n'est pas exclusivement « Feu » mais qu'il est le fruit d'un panachage de Feu, d'Air, d'Eau et de Terre qui, en entrant en interaction et selon leur niveau d'intensité respectif, vont s'organiser pour faire émerger une structure spécifique. L'élément « Eau », par exemple, même s'il n'en demeure pas un composant évident de prime abord, va s'inviter dans le portrait du 1. Encore une fois, si vous connaissez la numérologie, vous savez que le 1 ne « brille » pas par une sensibilité et une émotivité débordante ! Alors comment l'élément Eau va-t-il participer à la description du 1 ? Simplement par son absence ou sa faible représentativité. C'est comme si vous rencontriez une personne qui manque de courtoisie à votre égard. Vous la jugeriez sans doute irrespectueuse. Ce manque de tact, va autant la caractériser que son aplomb et son mépris éventuel. Un manque particularise un individu souvent autant qu'une tendance exprimée et affirmée, parfois même plus. L'absence de qualité est souvent plus apparente et c'est ce que l'on a tendance à retenir plus facilement chez les autres. C'est la même chose pour les nombres. Autre exemple : imaginez une personne peu sociable. Elle n'est donc pas caractérisée par une grande sociabilité (La Palice en aurait dit autant !). Pourtant on peut la définir à travers le prisme de la sociabilité. Cet élément sera sans doute même un point névralgique dans la compréhension du sujet. Un manque saute souvent aux yeux et fait partie intégrante d'un sujet pris dans sa globalité. C'est la raison pour laquelle il est important de porter une attention particulière sur les manques dans l'analyse. Les clés de la personnalité se trouvent souvent dans ce qui est occulté ou le moins apparent. Un manque, peut aussi exacerber un point déjà fort. Si nous reprenons l'exemple du 1, on s'aperçoit de la faible présence d'élément Terre, donc de patience. À contrario, l'élément Feu est surreprésenté. La Terre qui pourrait tempérer l'impatience générée par le Feu fait défaut, laissant ainsi, la libre expression, sans retenu, du Feu et de l'impétuosité qui l'accompagne.

Considérant ce qui vient d'être énoncé, nous pouvons dégager quelques dispositions naturelles et divers constituants caractéristiques du « tempérament » de chaque nombre en les confrontant avec chacun des 4 éléments. Il en résulte soit un apport d'énergie positive ou équilibrée, soit, au contraire, l'expression potentielle d'une carence ou d'un excès.

Je vous présente ici quelques exemples qu'il vous appartiendra de compléter. C'est un exercice substantiel. Vous trouverez donc ci-dessous et pour chaque nombre une première ébauche d'interprétation. J'ajoute que la connaissance des 4 éléments permet une lecture plus intuitive et plus libre du thème individuel. Cela nous évite de tomber dans les stéréotypes des définitions « prêtes à l'emploi » et apprises par cœur. Ce qui suit ne constitue qu'une proposition, un repère propice à la réflexion.

Symboles à retenir :

↑ : élément généralement dominant ou fortement exprimé.
↓ : élément souvent en carence ou faiblement exprimé.
→ : élément généralement équilibré ou neutre.
↑↓ : élément dans l'alternance ou la recherche d'équilibre (peut-être à la fois faible, fort, mal ou non exprimé selon le domaine concerné). Énergie peu focalisée ou diversifiée.

• **Le 1 - mots clés : assurance et confiance en soi.**

- **Feu ↑ :** domination, orgueil.
- **Eau ↓ :** peu réceptif, peu émotif, peu attentif à l'autre.
- **Air → :** dynamisme, vivacité d'esprit.
- **Terre ↓ :** manque de patience. Aime déléguer. Peu soucieux des détails.

Observez le graphique suivant qui va nous permettre une petite analyse :

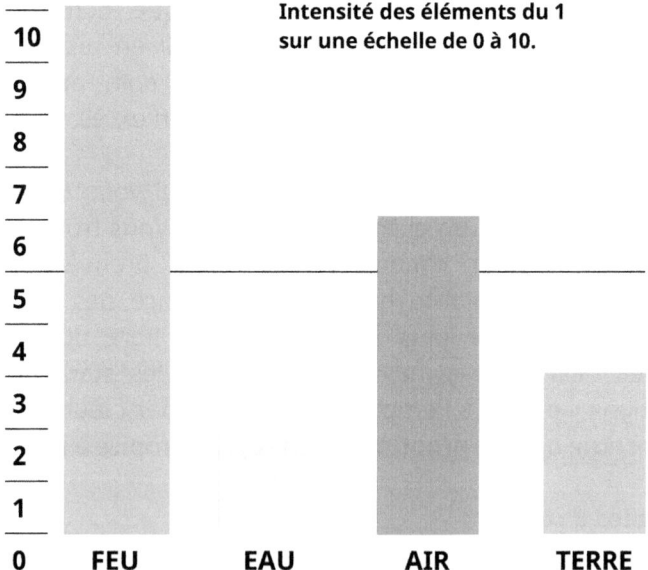

Que remarque-t-on ?

D'abord que l'élément Feu est dominant et que d'une certaine manière il prend l'ascendant sur les autres, en particulier l'Eau. Il est à 10 sur l'échelle d'intensité[3]. L'Eau, « source » de considération pour autrui est sous-représentée ici. Cet aspect accentue un égo déjà fort dominant et démontre que le 1 n'est pas souvent disposé à l'échange et la coopération… C'est un être peu réceptif qui peut manquer de sensibilité et d'empathie. Il est prioritairement tourné vers lui-même. En second lieu nous remarquons la présence importante de l'élément Air, qui, sous l'influence du Feu libère créativité, dynamisme, vivacité et optimisme en abondance. L'Air apporte également sa part importante d'extraversion que le 1 utilise à des fins de prestige. Il aime se montrer et briller en société. C'est un élément dominant mais secondaire. Vient ensuite, en faible proportion mais toutefois présent, l'élément Terre qui, n'atteignant pas le niveau 5, peine à s'exprimer et moins encore à s'imposer. L'élément Terre qui apporterait patience, méticulosité et persévérance avec une intensité égale ou supérieure à 5, est trop faible pour venir tempérer l'impatience et l'impétuosité du 1 qui ne se soucie, par ailleurs, guère des petites choses du quotidien et des détails. Ses actions peuvent souffrir d'un cruel manque de préparation. Il insuffle, dynamise et supervise plus qu'il n'étudie ou réalise concrètement. Notez également le refus des cadres, des structures et de la hiérarchie lié à l'absence de l'élément Terre qui confirme un désir de rester décisionnaire et d'imposer les règles plutôt que de les subir. C'est lui le chef ! Par ailleurs, l'élément Terre est lié au passé. Sa faible représentation souligne que le 1 est plutôt tourné vers le présent et la nouveauté. Il souhaite initier de nouveaux projets et tourne très facilement le dos à l'histoire. Il n'est pas du genre à mettre le nez dans les archives… Ainsi, si nous devions résumer cette approche nous pourrions dire que : le manque d'élément Eau prive le 1 de souplesse dans ses relations. Par opposition à l'Eau (l'élément le plus fort est toujours en opposition avec l'élément le plus faible), le Feu (qui

---

[3] Notez que l'intensité n'est donnée ici qu'à titre indicatif. Ce graphique n'a qu'un intérêt visuel et sert à représenter une idée subjective.

est dominant) le dote d'un caractère directif. L'Air, en apportant vivacité et extraversion lui alloue assurance et franchise. Par son manque de contrôle et de maturité (faible représentation de l'élément Terre) il peut se montrer impulsif et négliger les détails d'une action (élément Feu dominant).

Je vous laisse continuer cet excercice reproductible avec les autres nombres.

- **Le 2 - mots clés : diplomatie et capacité de collaboration.**

- **Feu ↓** : manque d'élan et d'initiative. Parfois soumission
- **Eau ↑** : sensibilité, calme intérieur, forte émotivité.
- **Air ↑↓** : peu d'effervescence mais sociable. Parfois effacé.
- **Terre ↑↓** : patience. Besoin de stabilité et d'appartenance mais sens de l'effort et tenacité à reconsidérer. Toutefois, application dans le travail.

- **Le 3 - mots clés : sociabilité et créativité.**

Feu : ↑ enthousiasme, beaucoup d'optimisme et parfois sentiment de supériorité, vanité.
Eau ↓ : extraverti. Vie intérieure reléguée au second plan.
Air ↑ : créatif, parfois superficiel et dispersé.
Terre ↓ : manque de sérieux, peu persévérent.

- **Le 4 - mots clés : qualité de persévérence et besoin d'ordre.**

Feu ↓ : secondarité (opposée à la primarité). Action contrôlée.
Eau ↓ : mal à l'aise avec l'expression des émotions. Flegme.
Air ↑↓ : peut concevoir des méthodes, des process. Organisation. Sociabilité limitée, cadrée.
Terre ↑ : persévérence. Perfectionnisme. Lourdeur. Rigidité.

- **Le 5 - mots clés : mobilité et faculté d'adaptation.**

Feu ↑ : vivacité, rapidité d'action. Dynamisme, audace.
Eau ↑↓ : anguille. Adaptabilité. Manque de disponibilité et d'écoute.
Air ↑ : très sociable. Besoin de liberté et d'aventure. Parfois fuite.
Terre ↓ : instable, touche à tout. Prend des risques. Fatigabilité.

- **Le 6 - mots clés : besoin d'harmonie et responsabilité.**

Feu ↑↓ : exigeant et pefectionniste. Besoin d'une mise en valeur. Parfois sujet au doute, hésitation dans les objectifs à atteindre.
Eau ↑ : sensibilité et réceptivité. Besoin de tendresse, de douceur.
Air → : sociabilité. Besoin d'échanges chaleureux et courtois.
Terre → : responsabilité. Attachement. Besoin d'un foyer sécurisant.

- **Le 7 - mots clés : indépendance et originalité.**

Feu ↑↓ : individualité. Besoin d'affirmer sa différence. Excentricité. Se sent parfois inférieur.
Eau ↑↓ : insondable, mystérieux. Intériorité mais peu d'émotivité.
Air ↑ : culture, cérébralité. Souvent critique. Liberté de pensée.
Terre ↑↓ : rejet du traditionnel. Besoin de réformer et d'innover. Sens du détail.

- **Le 8 - mots clés : énergie et esprit de conquête.**

Feu ↑ : franc, direct, combatif, offensif. Parfois autoritaire.
Eau ↓ : manque de nuance, de souplesse. Esprit peu conciliant.
Air ↑↓ : agressif. Colèrique. Sens du dialogue à développer. Indélicat.
Terre ↑ : persévérence et solidité. Résistance. Rancune tenace.

- **Le 9 - mots clés : passion et altruisme.**

Feu ↑↓ : passion. Idéalisme. Inspiration. Difficulté d'affirmation parfois.
Eau ↑ : hyperémotivité. Rêve, illusion. Complaisance.
Air : → altruisme. Compréhension. Ouverture. Enseignement.
Terre ↓ : manque de réalisme et d'objectivité. Contemplatif.

POUR COMPLÉTER :

Vous pouvez également, si vous connaissez un peu l'astrologie, associer l'élément dominant d'un nombre et la planète avec laquelle il est lié. Vous trouverez les indications utiles (correspondances nombres/planètes) dans les pages suivantes.

Exemple avec le 8 : élément dominant Feu (élan, impulsion, force...) ; planète associée : Mars (agressivité, volonté, guerre...). Il se dégage une impression de force et de puissance. Un esprit combatif et entreprenant. Écueils potentiels : agressivité, violence, esprit belliqueux...

Le 8 est également concerné par l'élément Terre qui lui confère, en l'associant à Mars, un caractère dure, matérialiste, entêté, rancunier et avide de possession. Il a aussi parfois un côté « sadique »...

Rappel : pour étudier une personne, il faut être attentif à ses manques, aux aspects non manifestés qui la caractérisent autant, sinon plus que les éléments les plus visibles et exprimés de sa personnalité.

PRÉSENTATION GÉNÉRALE DES NOMBRES

Dans cette partie nous présenterons les nombres avec leurs principaux mots clés et les différentes analogies qui peuvent être effectuées avec les planètes de l'astrologie moderne, les 4 éléments que nous venons d'aborder, les types caractérologiques et l'anatomie. Seront également évoqués les principaux complexes personnels très utiles dans l'analyse de la personnalité et de la prospective (chemin de vie, cycles de réalisation, années personnelles...). Ils peuvent entrer en résonnance avec les divers événements qui affectent certaines périodes et influencer les actions qui marqueront le cours de la vie du consultant. Exemple : un cycle de réalisation du chemin de vie 16/7 signalera potentiellement un sentiment d'infériorité durant la période concernée. Le sujet risque de manquer d'audace pendant toute la durée du cycle. Il aura tendance à se replier sur lui-même, à s'effacer. C'est aussi parfois le signe d'un esprit contestataire et rebelle qui remet tout en cause...

J'ai laissé volontairement de côté les similitudes souvent faites avec le Tarot de Marseille. Celles-ci méritent d'être repensées. On voit souvent par exemple la lame V (Le Pape) associée au nombre 5. Pour ma part, je ne vois pas de similitude évidente entre eux. Cependant j'admet volontiers qu'il existe un rapport étroit entre la lame I (Le bateleur) et le nombre 1. Les similitudes sont également fortes entre le nombre 2 et la Lune. Elle est pourtant représentée par le 18ème arcane majeur et donne après réduction un 9 ! Ainsi, si nous devons effectuer des analogies entre les nombres et le Tarot de Marseille, il est prudent de ne pas s'arrêter à la simple concomitance des valeurs numériques. Un travail fouillé doit être réalisé. Je m'y attelerais éventuellement dans un prochain ouvrage, si toutefois le lecteur y trouve un intérêt.

Enfin, rappelez-vous que « l'équilibre naît de l'oscillation ». C'est la raison pour laquelle vous trouverez pour chaque nombre une projection des potentialités en trois parties : en équilibre, en excès et en carence.

« La beauté n'est pas dans les couleurs, mais dans leur harmonie. »

Marcel Proust

(**référence au nombre 6** – Beauté et harmonie)

LE UN
(l'initiateur)

Éléments dominants associés : Feu et Air.
Lettres associées : A. J et S par réduction.
Planètes associées : Soleil et Mars.
Complexes psychologiques associés : paranoïa, mégalomanie, supériorité.
Typologie caractérologique : colérique/bilieux.
Anatomie : cerveau gauche, moelle épinière, artères, tête.

POINTS FORTS :

[initiative – décision – force d'action - indépendance]

En équilibre :

autonomie- autorité – pionnier – action – concepteur – leader
assurance – audace – courage – rayonnement – vie
enthousiasme – volonté – affirmation – engagement

En excès :

domination – tyranie – égoïsme – suffisance - agressivité
autoritarisme - orgueil – fierté – arrivisme – esprit de compétition
maladif – impatience – susceptibilité – désir d'exclusivité

En carence :

refus de s'affirmer – lâcheté – inertie - rejet du masculin
manque de détermination et de confiance en soi – difficulté à se fixer des objectifs - attentisme

LE DEUX

(le tranquille)

Éléments dominants associés : Eau et Terre.
Lettres associées : B. K et T par réduction.
Planètes associées : la Lune et la Terre.
Complexes psychologiques associés : abandon, sevrage, exclusion, effacement.
Typologie caractérologique : lymphatique et sentimental.
Anatomie : estomac, vessie, reins, seins, oreilles.

POINTS FORTS :

[accueil – conseil – délicatesse - écoute]

En équilibre :

douceur – réceptivité – sensibilité – sentimentalité – tendresse
rêve – émotivité – tolérance – conciliation – respect - équilibre
générosité – sociabilité – sens du partage - empathie

En excès :

hyperémotif – influençable – paresse – caprices – subjectivité
dépendance – passivité – attachement excessif – besoin de prise
en charge – indécision – besoin d'appartenance intempérant

En carence :

rejet du féminin – froideur – manque de tendresse - insensibilité
peu à l'écoute de l'autre – refus de collaborer – manque de
diplomatie – rejet du consensus – mauvaise gestion des émotions

LE TROIS

(l'enthousiaste)

Éléments dominants associés : Air et Feu.
Lettres associées : C. L et U par réduction.
Planètes associées : Mercure et Jupiter.
Complexes psychologiques associés : supériorité, Caïn, cadet, vocation contrariée, complexe des études.
Typologie caractérologique : colérique – sanguin.
Anatomie : gorge, foie, peau, bras, épaules.

POINTS FORTS :

[optimisme – spontanéité – jovialité - sociabilité]

En équilibre :

amical – transmetteur – expressif – animateur – artiste – curieux
confiance – ouverture – primarité – fantaisie – sens de la dérision
humour – affabilité – gaieté – vivacité - extraversion

En excès :

laxiste - superficiel – besoin de plaire – comédien – sentiment de
supériorité – esprit critique – polémique – prolixité – dispersé
exhibitionniste – enfantillage – immaturité – opportunisme

En carence :

mauvaise image de soi – maladresse ou peur de s'exprimer
créativité refoulée - mutisme – rejet de l'enfance et de l'enfant en
soi – rejet du superficiel – repli – timidité – mélancolie

LE QUATRE

(le consciencieux)

Éléments dominants associés : Terre et Air.
Lettres associées : D. M et V par réduction.
Planètes associées : Saturne et la Terre.
Complexes psychologiques associés : culpabilité, insécurité, castration.
Typologie caractérologique : flegmatique ou apathique.
Anatomie : os, dents, articulations, genoux.

POINTS FORTS :

[organisation – opinions tranchées - stabilité - régularité]

En équilibre :

contrôle – souci du détail – concret – protecteur – sérieux
réalisateur – méthodique – constructif – discipliné – concentration
patience – persévérence – prévoyance – humilité - prudence

En excès :

perfectionniste* – routinier – frustration - méfiance - entêtement
anxiété - rigidité - routine – peur – obsession du temps
culpabilité - blocage - préjugés – lenteur - rancune – inflexibilité

En carence :

paresse – irresponsabilité – indiscipline – perte de contact avec la réalité – difficulté à trouver sa place – manque d'application et de persévérence - difficulté à atteindre l'équilibre, la stabilité

LE CINQ
(l'indépendant)

Éléments dominants associés : Feu et Air
Lettres associées : E. N et W par réduction.
Planètes associées : Jupiter et Mercure.
Complexes psychologiques associés : Don-juanisme, messalinisme, complexe de l'étranger.
Typologie caractérologique : sanguin – nerveux.
Anatomie : poumons, organes génitaux (♂), système nerveux.

POINTS FORTS :

[mouvement – liberté – adaptabilité – curiosité]

En équilibre :

mobilité – esprit de découverte – audacieux – astucieux – souple perspicace – charmeur – ouvert – énergique – sensualité polyvalence – prise de risque – optimisme - dextérité - rusé

En excès :

agitation – mythomanie – instabilité – impulsivité – libertinage impatience – fuite – égarement – nervosité – manque de constance – oubli (mémoire) – dispersé – ruse - fatigabilité

En carence :

sédentarité – peur du changement – résistance aux expériences nouvelles – attachements excessifs – manque de souplesse - impuissance - routine – intolérence – pessimisme - inhibition

LE SIX

(l'exigeant)

Éléments dominants associés : Eau et Terre.
Lettres associées : F. O et X par réduction.
Planètes associées : Vénus et la Terre.
Complexes psychologiques associés : narcissisme, ambivalence, Atlas.
Typologie caractérologique : sentimental extraverti.
Anatomie : ventre, cœur, région lombaire, organes génitaux (♀).

POINTS FORTS :

[conciliation – responsabilité – sens du service - esthète]

En équilibre :

amour - chaleur – détente – osmose – tendresse – soin - protection - harmonie – équilibre – sens du devoir – sens social arbitrage - don – raffinement – respect – tolérance – engagement

En excès :

astreignant – hyper-responsabilité – subjectivité – narcissisme besoin d'attention permanent – ambivalence - assistanat - perfectionnisme* - indécision - tyrannie – envahissant - possessif

En carence :

irresponsabilité – manque de chaleur – manque de compassion et de tolérance – peur de l'engagement – insensibilité – esprit peu conciliant – fuit les obligations – non respect des engagements

LE SEPT

(l'original)

Éléments dominants associés : Feu et Air.
Lettres associées : G. P et Y par réduction.
Planètes associées : Uranus et Neptune.
Complexes psychologiques associés : intrusion, infériorité, paranoïa.
Typologie caractérologique : passionné – nerveux.
Anatomie : glandes (pancréas, foie…) et métabolisme général.

POINTS FORTS :

[démarcation – observation – discipline intérieure - progrès]

En équilibre :

valeurs personnelles - indépendance – réflexion – anti-conformisme - précurseur – observateur – profondeur – esprit cultivé – intuitif – lucidité – concentration – réformateur - inventif

En excès :

solitaire – secret – marginal – revendique sa différence – rejet des protocoles – non respect des conventions – esprit contestataire dissidence – insubordination - retranchement – révolte - mépris

En carence :

inquiétude – report d'engagement - scepticisme – manque de confiance en soi – crainte de l'isolement – difficultés à exprimer son originalité – manque de discernement – rejet du spirituel

LE HUIT

(le héro)

Éléments dominants associés : Feu et Terre.
Lettres associées : H. Q et Z par réduction.
Planètes associées : Mars, le Soleil et la Terre.
Complexes psychologiques associés : sadisme, masochisme, Chronos.
Typologie caractérologique : bilieux.
Anatomie : intestins, muscles.

POINTS FORTS :

[énergie – maîtrise – combativité - résilience]

En équilibre :

solidité – courage – ambition – intégrité – affirmation – détermination – professionnalisme – sens de la justice - légitimité charisme – pouvoir de décision – audace – franchise - jugement

En excès :

justicier – destructeur – matérialiste – abus de pouvoir immoralité – manipulation – rancune – domination – chantage entêtement – violent – agressif - intransigeant - vindicatif

En carence :

erreur de jugement – manque d'ambition – manque de courage et de détermination – manque d'énergie – négligent sur le plan matériel – manque de sens pratique – dilettantisme – illégitime

LE NEUF

(le contemplatif)

Éléments dominants associés : Feu et Eau.
Lettres associées : I. R par réduction.
Planètes associées : Neptune.
Complexes psychologiques associés : Œdipe, Électre, effacement, rédemption.
Typologie caractérologique : sentimental introverti, passionné.
Anatomie : psychisme, cage thoracique, sang.

POINTS FORTS :

[humanisme – sagesse – espoir - accomplissement]

En équilibre :

idéal – dévouement – détachement – grandeur – générosité
compassion – amour – renoncement – moralité – sensibilité
passion - imagination – universalité – ouverture – rêve - dignité

En excès :

naïveté – sacrifice – idéalisation – utopie - complexe de
rédemption – militantisme – irréalisme – moralisme - vulnérabilité
déception – mélancolie – complaisance – reconnaissance (besoin)

En carence :

manque d'empathie – étroitesse d'esprit – manque d'humilité
intolérence – égoïsme – isolement - refus du partage – peur du
groupe – manque d'ouverture sur le monde – peu émotif

LE ZÉRO

(le fœtus)

MOTS CLÉS :

le non manifesté, l'inconscient, la part d'ombre – Symbole d'évolution et de passage à l'étape supérieure – renouvellement de la vie - matrice - vide – néant – potentiel à créer, à faire naître ou à découvrir, ouroboros (c'est le serpent qui se mord la queue et qui mue, symbole du temps infini, du cycle d'évolution et de l'éternité ou chaque fin est un nouveau début). Il est en lien avec l'immortalité et la réincarnation si toufefois vous acceptez ce concept. Il évoque aussi l'idée d'un nouveau jour et d'une « remise à zéro des compteurs ».

***

Mes recherches m'ont conduit à considérer, par certains aspects, l'influence de pluton dans la symbolique du zéro.

Pluton, tout comme le zéro représentent :

- les choses cachées ou enfouies qui doivent trouver une voie de manifestation, d'expression, de concrétisation ;
- la renaissance et la nécessité de transformer, de modifier, de métamorphoser, de régénérer, de faire évoluer les choses ;
- les prises de conscience ;
- la destruction de ce qui est inutile et la germination de la graine ;
- le secret.

LES MAÎTRES-NOMBRES

Les Maîtres-nombres sont les nombres à 2 chiffres composés de valeurs identiques. 11, 22, 33 , 44, 55... sont des Maîtres nombres. Nous aborderons ici succintement le 11, le 22 et le 33.
Ils ont une signification particulière qui s'explique par le doublement et la répétition d'une même énergie. L'intensité est donc forte. Ils s'amalgament à leur valeur réduite et tendent vers une forme d'opposition qui mènent souvent à la dualité. On associe toujours un Maître-nombre à sa valeur réduite à un seul chiffre.

Exemple : le Maître-nombre 11 s'inscrit 11/2 puisque 11 = 1+1 = 2. Ainsi le 11/2 s'exprime tantôt en 1 très affirmé par la répétition du 1 (force, énergie, ascendance...), tantôt en 2 (sensibilité, fragilité pouvant mener à la mélancolie ou la dépression). C'est la raison pour laquelle les tensions intérieures du 11/2 sont si fréquentes. La relation 1+1 génère également tension et nervosité. On applique cette même logique à l'ensemble des Maîtres-nombres. On parle souvent, avec le 11/2 d'un comportement ambivalent et difficile à vivre pour l'entourage qu'il destabilise fréquemment. L'oscillation est forte et le sujet peine à trouver un équilibre émotionnel. C'est à la fois une personnalité forte et faible. Il peut être « bipolaire » selon les circonstances. D'une manière générale, il faut considérer la présence d'un Maître-nombre comme un nombre « lambda » et éviter de préjuger de sa nature « supérieure ». Les Maîtres-nombres ont des particularités qui se définissent autant par des qualités que par des écueils à juguler.

LE ONZE

(le visionnaire)

Éléments dominants associés : Feu et Eau
Lettre associée : K.
Planètes associées : Uranus, Soleil et Mars.
Complexes psychologiques associés : Œdipe, Électre, Diane, mégalomanie, paranoïa.

MOTS CLÉS :

pouvoir – initiative – révélations – intuition (2x1) – ambition
charisme - ascendance – autorité – indépendance – inspiration
impatience - nervosité – caractériel – tyrannique – émotions
intenses – forte ambivalence – tension avec la mère – excès
démesure - force - maîtrise - mégalomanie – paranoïa
dépression – fragilité – insoumission – rapidité de réaction
tendance à provoquer des rapports de force

Il est important de préciser que le 11 prend toujours l'ascendant sur le 2 lorsqu'il est présent dans le schéma numérologique. C'est ainsi que lorsque nous rencontrons, par exemple, un modulateur 2 sur la case 1 de l'inclusion, avec par ailleurs présence de 11 dans le thème natal (dans le jour ou le mois de naissance par exemple), nous donnons toujours la priorité à l'influence du 11 dans ce domaine avant celle du 2. Le 2 et le 11 (sous-nombre du 2) étant indissociables. Nous connaissons de surcroît l'ascendant et la force exercés et dégagés par le 11 que le 2 n'est pas en mesure d'affronter ou de contrer. Dans notre exemple, nous considérons donc l'assemblage suivant : modulateur 11 sur la case 1 de l'inclusion. Nous utilisons cette même règle dans l'étude des cycles. Cela nous permet d'éclairer la lecture de certains thèmes dont je parlerai dans mon prochain ouvrage.

LE VINGT-DEUX

(le bâtisseur universel)

Éléments dominants associés : Terre, Feu et Eau.
Lettre associée : V.
Planètes associées : Saturne, Mars, Pluton et la Lune.
Complexes psychologiques associés : Œdipe, Électre, abandon, castration.

MOTS CLÉS :

attachement à la mère – esprit concret – puissance de travail capacité de concevoir des projets d'envergure – prise de conscience d'une mission à accomplir – affirmation personnelle idéal – force intérieure – visées universelles – angoisse - réalisation - possessivité – esprit justicier – destructeur – obstination

LE TRENTE-TROIS

(le guide)

Éléments dominants associés : Feu et Air.
Lettres associées : pas de lettre associée.
Planètes associées : Vénus, Jupiter et le Soleil.
Complexes psychologiques associés : paranoïa, mégalomanie, narcissisme, supériorité, rivalité.

MOTS CLÉS :

protecteur – service – amour universel – compassion - diplomatie défense d'une cause – dévouement – tolérance – altruisme - égo prise en charge des plus faibles - narcissisme – possessif – désir d'exclusivité – sacrifice personnel - besoin de jouer au sauveur orgueil – attitude sacrificielle

---

* Précisions concernant le perfectionnisme qui touche à la fois le 4 et le 6 :

Le 4 est perfectionniste par peur, par crainte de mal faire ou d'être dans l'erreur. Il peut être touché par un complexe personnel de culpabilité. Il appréhende d'être jugé pour ses fautes. Il cultive alors le perfectionnisme et le soucis du détail pour se protéger d'éventuels « attaques » et paraître aux yeux des autres irréprochable. Cela nuit à l'élan nécessaire à l'activité. Il est ralentit par une tendance à l'auto-surveillance, à se juger avec trop de rigueur et par l'incertitude d'une conscience exigeante qui fait naître en lui le doute sur la conduite à tenir ou sur la valeur moral d'un acte a accomplir. Il est dans le contrôle permanent, ce qui nuit à sa spontanéité.

Le 6 quant à lui, répond à un besoin absolu d'harmonie. Son niveau d'exigence et de qualité est très élevé vis à vis des choses et des personnes qui l'entourent. Ce n'est pas un perfectionnisme « subit » ou douloureux qui inhibe et qui vise à le protéger comme pour le 4 mais un acte volontaire, un désir ardent, affirmé. Son environnement se doit d'être parfait à de nombreux égards. Il peut se montrer impérieux sitôt qu'un détail le perturbe ou le dérange. Il peut fixer son attention sur l'accessoire, l'insignifiant qui parasite l'harmonie générale et peut oublier ou ne pas voir que tout le reste va bien. Il apprécie particulièrement la qualité supérieure en toute circonstance. Il est généralement insatisfait parce que ses exigences sont difficiles, parfois même impossibles à combler. À titre d'exemle : un 6 en nombre de structure avec un 4 en intensité nulle et un 11 en expression rend le sujet particulièrement exigeant.

CITATIONS

Petit clin d'œil aux nombres à travers ces quelques citations…

Pour évoquer et compléter le symbolisme des nombres, il m'a semblé pertinent et amusant de compiler pour chaque nombre, deux citations s'accordant parfaitement à au moins un aspect caractéristique de leur signification générale. C'est une approche assez peu académique qui vise à apporter un peu de légèreté, parfois de l'humour. Notez au passage que l'humour et la fantaisie sont d'excellents moyens pour surmonter un défi personnel 3 !

Le nombre 1

« Egotiste : personne de goût médiocre, plus interessée par elle-même que par moi ! » *Ambrose Bierce*

« Délibérer est le fait de plusieurs. Agir est le fait d'un seul. » *Charles de Gaulle*

Le nombre 2

« Si le sommeil ne séparait pas les couples, il y aurait deux fois plus de divorces. » *Philippe Bouvard*

« La rivière tranquille à ses rives fleuries. » *Proverbe chinois*

Le nombre 3

« L'enfance ne se vit pas dans l'action mais dans quelque chose de plus subtil qu'on appelle l'innocence à défaut de pouvoir la mieux nommer. » *Victor-Lévy Beaulieu*

« Vous me demandez quel est le suprême bonheur ici bas ? C'est d'écouter la chanson d'une petite fille qui s'éloigne après avoir demandé son chemin. » *Li-Tai-Po*

Le nombre 4

« Rien de tel que des vacances ratées pour nous réconcilier avec une vie de labeur. » *Arnold Bennet*

« Patience ! Avec le temps, l'herbe devient du lait. » *Proverbe chinois*

Le nombre 5

« La liberté, c'est la liberté de choisir ses contraintes. » *Jean-Louis Barrault*

« Le mot liberté n'admet, par définition, aucune restriction. »
Jean Yanne

Le nombre 6

« Pour notre paix d'esprit, il faut résigner nos fonctions de président-directeur général de l'univers. »
Larry Eisenberg

« qui aime n'aura jamais peur des cheveux blancs. »
Kouo Yu

Le nombre 7

« La solitude rend sensible, non étranger à autrui. »
Mika Waltari

« Toute production importante est l'enfant de la solitude. »
Goethe

Le nombre 8

« C'est fou comme l'argent aide à supporter la pauvreté. »
Alphonse Allais

«L'homme maître de soi n'aura pas de maître. »
Lao-Tseu

Le nombre 9

« Il est plus facile de professer en paroles un humanisme de bon aloi que de rendre service à son voisin de palier. »
Henri Laborit

« L'homme ferait parfois des choses admirables s'il pouvait tout à fait se dépouiller de sa faible humanité. »
Pierre-Jules Stahl

TABLEAU DE SYNTHÈSE DES NOMBRES DE BASE

	PRINCIPE GÉNÉRAL	↗ EN EXCÈS	⇨ EN ÉQUILIBRE	↘ EN CARENCE
1	Action	Orgueil	Affirmation	Inertie
2	Coopération	Soumission	Sensibilité	Inémotif
3	Sociabilité	Dispersion	Enthousiaste	Timidité
4	Réalisation	Obstination	Stabilité	Paresse
5	Mobilité	Insouciance	Adaptable	Sédentaire
6	Harmonie	Exigence	Responsable	Discorde
7	Mental	Fanatisme	Original	Égarement
8	Courage	Agressivité	Audacieux	Pusillanime
9	Générosité	Naïveté	Grandeur	Indifférence
11	Inspiration	Nervosité	Force	Fragilité
22	Grandeur	Folie	Bâtisseur	Manque d'envergure
33	Guide	Despote	Dévoué	Égoïsme
0	Matrice, potentiel, évolution, non manifesté, renaissance, inconscient, mue, nouveauté...			

DEUXIÈME PARTIE

LES 23 ÉTAPES DE L'ANALYSE NUMÉROLOGIQUE

- Données utiles
- Calculs
- Définitions
- Tables d'interprétation
- Exemples de synthèse

1 3 2 33
4 5 6 22
7 11 8 9

LES DONNÉES UTILES AUX CALCULS

Pour les calculs et l'analyse du thème numérologique, il nous faut prendre en considération l'ensemble des prénoms déclarés à la naissance, le nom de famille ainsi que la date de naissance. Nous ne faisons usage ni de l'heure ni du lieu de naissance. Ces données sont réservées à l'astrologie. Ne tenez pas compte des éventuels changements intervenus par la suite.

Les femmes mariées conservent leur identité de naissance. Autrement dit, c'est le nom de jeune fille qui sera utilisé et non celui de l'époux quelque soit la pérennité du mariage, contrairement à ce que j'ai pu lire encore récemment. J'ai toujours trouvé surprenante l'approche de certains numérologues qui considèrent qu'une femme peut « perdre » une part de son identité par le simple fait du mariage... C'est faire l'impasse sur les bases de la numérologie : identité déclarée à la naissance et date de naissance, rien de plus, rien de moins ! C'est aussi, je pense, une relative atteinte à la dignité des femmes, ne trouvez-vous pas ? Je pense que l'idée à fait son temps et qu'elle est arrivée à expiration !

Les pseudonymes et surnoms ne sont pas intégrés dans l'analyse.

Les prénoms composés dont les deux ou trois éléments sont reliés par un tiret sont considérés comme un seul et même prénom. Exemples : Jean-François, Pierre-Henri ou Jeanne-Marie. Par conséquent, Pierre André (non reliés par un tiret) sont considérés comme deux prénoms distincts.

Les changements de prénom ou de nom ne modifient en rien les données initiales. Être né « Marc-Antoine » et se faire appeler

« Christophe » ne changera rien à nos observations même si cela a fait l'objet d'une officialisation. Les éléments de l'étude sont fixés à la naissance. Ce serait comme vouloir changer de date de naissance et cela n'est tout simplement pas possible ! Les changements de prénom sont souvent symptomatiques d'un mécanisme compensatoire et peuvent servir de réparation en particulier dans la sphère sociale. C'est le sujet lui-même qui s'y résoud pour un motif qui lui est personnel. C'est un acte conscient qui vise le plus souvent à restaurer l'image ou à acquérir une meilleure confiance en soi. Il est inutile d'en tenir compte, car le plan de vie, contient déjà, d'une certaine manière, cette éventualité, ce besoin de revalorisation identitaire (souvent avec le passage d'un cycle 1) et de transformation intérieure.

Notez également l'importance du recueil des informations qui doit se faire le plus sérieusement possible. Aucune approximation n'est envisageable. Il est par conséquent nécessaire de faire épeler tous les prénoms et nom. Il existe des Frédéric et des Frédérique, des Myriam et des Miriam, des Adelle et des Adèle et cela change tout ! Soyez également certain de la date de naissance. La vigilance s'impose donc. N'établissez jamais de thème sans être absolument sûr de l'état-civil de la personne qui vous en fait la demande. Cela pourrait conduire à d'inopportunes conclusions. Elles seraient préjudiciables à votre consultant et remettraient en question la crédibilité de votre travail. En cas de doute prenez le temps de vérifier les informations inscrites sur la carte d'identité ou l'acte de naissance. Enfin, vérifiez vos calculs à moins que vous n'utilisiez un logiciel ou un tableau excel fiable.

La langue française et particulièrement riche en « E » et pauvre en « Y ». Cela n'a rien d'anodin. Ne modifiez en rien les données d'analyse d'une personne sous ce prétexte, comme le suggèrent certains numérologues.

COMMENT EFFECTUER LES CALCULS ?

• **CONCERNANT LES DONNÉES DE L'IDENTITÉ**

Chaque lettre de l'alphabet est, pour les besoins de l'analyse, traduite en chiffre en fonction de son rang (A=1, B=2, C=3...). On a coutume de voir dans tous les livres de numérologie un tableau présentant les lettres avec des valeurs directement réduites à l'unité (R=9, V=4...). Une fois réduit, le « R » donne effectivement 9 puisque 1+8 (R=18 ème lettre de l'alphabet) = 9. C'est le principe de réduction utilisé en numérologie. Or « R » est bien la 18 ème lettre de notre alphabet, V la 22 ème, Z la 26 ème...

Le tableau de correspondance entre les lettres et les nombres qui suit tient compte de cette subtilité. Ainsi, dans nos études, nous ne réduirons jamais par avance (sauf pour les données de l'inclusion) ni les lettres, ni les nombres constituants notre identité et notre date de naissance. Cela aura sont importance en particulier dans le calcul des défis mais pas seulement. Celui que je vous propose est donc le suivant :

A	B	C	D	E	F	G	H	I
1	2	3	4	5	6	7	8	9
J	K	L	M	N	O	P	Q	R
10	11	12	13	14	15	16	17	18
S	T	U	V	W	X	Y	Z	
19	20	21	22	23	24	25	26	

En réduction, et pour obtenir les données de la table d'inclusion que nous aborderons plus loin nous obtenons :

| A | B | C | D | E | F | G | H | I |
| J | K | L | M | N | O | P | Q | R |
S	T	U	V	W	X	Y	Z	
1	2	3	4	5	6	7	8	9

De cette façon, nous traduirons LAURENT :

L	A	U	R	E	N	T
12	1	21	18	5	14	20

Ce qui nous donne un total de : 91 que nous pouvons réduire à présent à un seul chiffre : 91 = 9 + 1 = 10 = 1 + 0 = 1.

Tous les résultats obtenus dans le plan numérologique sont réduits selon ce même principe. Nous devons donc aboutir à un résultat compris entre 1 et 9 exception faite pour les Maîtres-nombres 11/2, 22/4 et 33/6... comme cela a été évoqué précedemment.

En considérant les nombres réduits dès le départ, nous aurions obtenu pour Laurent : 3 + 1 + 3 + 9 + 5 + 5 + 2 = 28 = 2 + 8 = 10 = 1 + 0 = 1.

Le résultat final est identique mais la véritable « vibration » du prénom Laurent est 91 et non 28.

La valeur non réduite est appelée sous-nombre.
Pour LAURENT le sous-nombre est donc 91.

Nous procéderons de la même façon lorsque nous calculerons le nombre issu du total de la valeur des initiales. On appelle ce nombre, **le nombre « PIVOT »**.

Prenons l'exemple de **C**harles **A**ndré **J**oseph **M**arie **D**e **G**aulle[4].
C=3 ; A=1 ; J=10 ; M=13 ; D=4 ; G=7.

Ce qui nous donne : 3+1+10+13+4+7= **38** = 3+8 = **11**. Son nombre pivot était **11**. Le sous-nombre est égal à **38**.

Avec les valeurs réduites nous aurions obtenu : 3+1+1+4+4+7 = **20** = 2 + 0 = **2**, ce qui change tout !

Explications :

Avec le 11, se dégage l'autorité et l'ascendance. Au contraire, le 2 évoque un esprit conciliant et peu enclin à l'action et l'affrontement. Le 3 et le 8 du sous-nombre 38 apportent des énergies relatives à l'enthousiasme, l'expression (3) et à la volonté (8). C'est alors, avec le 11 en trame de fond, une expression directe, volontaire, franche et parfois sans détour qu'exprimait le Général de Gaulle. Combativité par le verbe, mots durs, agressivité verbale sont nettement envisageables, d'autant qu'il avait un nombre de structure 8... Le général n'avait semble-t-il pas sa langue dans la poche. 3 et 8 associés créent aussi beaucoup de dynamisme, mais aussi de la colère et de la nervosité. Avec le 38/11, le goût du commandement et de la domination sont, sans équivoque et très marqués. Charles de Gaulle avait, par ailleurs, un 2 en intensité nulle dans la grille d'inclusion, qui n'encourageait ni à l'apaisement ni à l'écoute des besoins de l'autre. Voilà pour cette petite démonstration.

• CONCERNANT LES DONNÉES DE LA DATE DE NAISSANCE

---

[4]Notez au passage l'absence du prénom « Pierre » dans l'état-civil du Général de Gaulle. Il n'y en a effectivement pas ! C'est une coquille qui s'est glissée dans les articles de certains sites internet et qui s'est malheureusement répandue dans la littérature numérologique. D'où l'importance du recueil précis des données.

Pour les calculs liés à la date de naissance nous procéderons d'une seule manière :

prenons l'exemple d'une personne née le 28 mars 1995. Nous allons, pour illustrer le propos, calculer son chemin de vie.

Il nous faut toujours poser les opérations en conservant la valeur réelle de chacun des éléments, autrement dit sans réduction préalable. Si votre année de naissance est 1971, vous ne la réduisez donc pas à 9 (1+9+7+1 = 18 = 1+8 = 9) mais vous gardez 1971. La réduction se fait toujours au terme de l'opération.

Gardez bien à l'esprit le mode opératoire qui suit.

<u>Dans notre exemple, nous ne réduisons donc pas</u> 1995 à 1+9+9+5 = 24 = 6 et 28 à 2+8 = 10 = 1+0 = 1 pour effectuer le calcul. Nous conservons la valeur « entière ».

			2	8		-->	JOUR
+			0	3	*	-->	MOIS
+	1	9	9	5		-->	ANNÉE
=	2	0	2	6	=	10	(2+0+2+6)
					=	1	(1+0)

*Mars est le 3ème mois de l'année.

Ce calcul détermine le chemin de vie. Ici le 1.

Il me semble plus « cohérent » de conserver les informations données par le millésime. Celui-ci est porteur des particularités contextuelles de l'époque à laquelle nous sommes nés. Être né en 1919 ou en 2000 est différent même si réduits ils donnent chacun un 2.

PRÉSENTATION DU SUJET D'ÉTUDE

Pour les besoins de ce livre, nous allons prendre en exemple l'identité de **Jacques CHIRAC**. Nous étudierons le personnage sans nous référer à sa bibliographie afin de conserver au maximum la neutralité nécessaire à l'interprétation. Nous ne chercherons pas non plus à faire « coller » l'interprétation avec l'image du personnage public qui a été façonnée par les médias et qui n'a pas tenu compte de la réalité profonde du sujet. La description, même si elle reste brève, pourra surprendre certains d'entre vous. Cependant, ni vous ni moi n'avons connu Jacques CHIRAC dans son intimité et nous allons nous en remettre *stricto sensu* à l'analyse et aux messages des nombres.

Rappel : nous prenons en considération tous les prénoms et nom déclarés à la naissance exclusivement. La date de naissance utilisée est celle inscrite au registre d'état-civil.

Vous pouvez parallèlement à l'étude de J. CHIRAC étudier votre propre schéma ou celui de la personnalité dont je vous donne ci-dessous les éléments d'état civil :

Premier prénom : Diana ;
Second prénom : Frances ;
Nom de famille : Spencer ;
Date de naissance : 1er juillet 1961.

ÉTAT-CIVIL DE JACQUES CHIRAC :

Premier prénom : Jacques
Second prénom : René
Patronyme : CHIRAC

Date de naissance : mardi 29 novembre 1932

Ce que l'on sait :
Homme d'État Français – Président de la République Française de 1995 à 2007.

Date de décès : le 26 septembre 2019.

ÉTAPE N°1

CHIFFRAGE DES NOM ET PRÉNOMS

Rappel de la table de correspondance entre les lettres et les nombres :

A	B	C	D	E	F	G	H	I
1	2	3	4	5	6	7	8	9
J	K	L	M	N	O	P	Q	R
10	11	12	13	14	15	16	17	18
S	T	U	V	W	X	Y	Z	
19	20	21	22	23	24	25	26	

Nous chiffrons donc l'identité de Jacques CHIRAC de cette manière :

J	A	C	Q	U	E	S		R	E	N	E		C	H	I	R	A	C
10	1	3	17	21	5	19		18	5	14	5		3	8	9	18	1	3

Valeurs réduites pour les données de l'inclusion :

1 1 3 8 3 5 1   9 5 5 5   3 8 9 9 1 3

Sur la première ligne nous avons noté l'identité complète : le nom de famille ainsi que tous les prénoms déclarés à l'état-civil au moment de la naissance.

Sur la seconde ligne nous avons chiffré les lettres selon leur valeur réelle.

Sur la troisième ligne nous avons chiffré les lettres selon leur valeur réduite à un nombre unique.

C'est à partir de ces données que nous allons pouvoir commencer à effectuer les premiers calculs nécessaires au montage du thème natal.

ÉTAPE N°2

LE NOMBRE DE STRUCTURE

Il représente le socle sur lequel repose la personnalité. Le nombre obtenu *structure* l'individu et évoque une base presque immuable. Il nous indique les besoins fondamentaux du sujet et ses impératifs de réalisation. C'est une sorte d'ossature innée sur laquelle vont reposer les ramifications de la personnalité. Cela peut être aussi un ancrage utile, conduisant le sujet à une forme de stabilité. Il représente ce qui a de plus permanent, de plus résistant aux changements et qui permet à l'individu une assise stable. Plus le sujet répond de manière positive aux besoins du nombre en question plus il ressent en lui une « sécurité » durable et plus il renforce ses fondations. Lorsque nous nous éloignons trop de cette base ou lorsque les événements nous y contraignent, l'insatisfaction et parfois l'angoisse peuvent se profiler. C'est un peu comme si on nous sortait brusquement de notre zone de confort sans nous prévenir, sans même nous donner la possibilité de nous y préparer et d'amorcer le changement.

Prenons un exemple :

Un 8 par exemple, dans cette configuration, réclame pouvoir décisionnel, déploiement de force et réalisation d'objectifs ambitieux. C'est une base permanente qui ne représente toutefois pas le sujet dans sa globalité.

Imaginez cette personne en position de faiblesse ou dans un rôle de subalterne (2). Imaginez-la encore dans un environnement insouciant (3), léthargique (2) ou limitant (4). Des tensions internes, une gêne et des frustrations risquent de voir le jour. L'être aura la sensation désagréable de ne pas pouvoir se réaliser, de se trouver sur le mauvais chemin ou d'évoluer dans un cadre inadapté à ses besoins. Il ressentira de l'insatisfaction et une aversion dans les situations qui iront à l'encontre de ses véritables appétences. Ce nombre doit donc être « réalisé ». C'est au sujet lui-même de construire et d'agencer autour de lui et pour lui-même, les conditions nécessaires à l'évolution positive du nombre dont il est le dépositaire. Ainsi, nous ne nous écarterons jamais des indications données par ce nombre pour aborder les autres aspects de l'analyse. C'est le début de la bobine que nous allons progressivement dérouler. Il est par ailleurs important d'accompagner les personnes en manque de repères ou dans le « flou » vers cette base ou ce nombre « racine ».

CALCUL DU NOMBRE DE STRUCTURE

Le nombre de structure est produit par l'addition de toutes les consonnes de l'identité. Veillez à ne pas réduire la valeur des lettres par avance.

Pour Jacques René CHIRAC nous obtenons :

J	A	C	Q	U	E	S	+	R	E	N	E	+	C	H	I	R	A	C
10	1	**3**	**17**	21	5	**19**	+	**18**	5	**14**	5	+	**3**	**8**	9	**18**	1	**3**

$$10+3+17+19 \qquad 18+14 \qquad 3+8+18+3$$
$$= \mathbf{49} = 13 \qquad = \mathbf{32} \qquad = \mathbf{32}$$
$$= 4 \qquad = 5 \qquad = 5$$

Nous additionnons les sous-nombres obtenus :

$$49 + 32 + 32 = 113 = 1 + 1 + 3 = \mathbf{5}$$

Le nombre de structure de Jacques CHIRAC est **113/5**.

Vous remarquerez qu'il est issu exclusivement de nombres « masculins » et dynamiques (1, 3 et 5) ce qui en fait un 5 très typé. Dynamisme, autorité, expression, liberté. Ces quelques mots suffisent déjà à nous faire une première idée de la structure interne et des besoins fondamentaux de réalisation de Jacques CHIRAC.

INTERPRÉTATION DU NOMBRE DE STRUCTURE

Pour l'interprétation du nombre de structure nous pouvons nous dire : voilà comment le sujet va idéalement se réaliser. Quel type d'énergie aura-t-il à sa disposition pour concrétiser ses projets, construire et consolider sa base. Le nombre de structure est en relation directe avec l'élément « Terre ». Vous pouvez vous en inspirer. De même, le nombre de motivation que nous abordons plus loin peut être mis en relation avec l'élément « Eau », les désirs intimes. Le nombre d'expression fera davantage penser à l'élément « Air » tandis que le nombre actif à l'élément « Feu ».

▶ Toutes les interprétations contenues dans ce livre sont loin d'être exhaustives. Il vous suffira, pour les compléter, de vous référer à ce qui est dit de chaque nombre sur l'ensemble de l'ouvrage. Par ailleurs, je ne fais pas de distinction entre le genre féminin et le genre masculin. Les qualités, autant que les faiblesses s'appliquent autant à l'un(e) et à l'autre.

Structure 1 : personnage centré sur lui-même qui cherche avant tout à être reconnu et valorisé. Grand besoin d'indépendance. Il aime représenter un forme d'autorité voire de prestige. Parfois, dépendance et susceptibilité cachées sous des airs d'assurance. Il peut donner l'impression d'être sûr de lui. Il peut aussi aimer susciter l'admiration. Refus des cadres, autoritarisme, insolence font partie des écueils possibles. Parfois, mauvaise acceptation de soi avec recherche de compensations qui conduisent parfois à la vanité.
Besoin impératif de reconnaissance.

Doit éviter les situations de dépendance pour se réaliser.
Nécessité de trouver une voie d'affirmation personnelle, d'agir et de se réaliser dans l'initiative et l'action individuelle. Il s'oppose généralement aux caractéristiques du 2 et du 9.

Structure 2 : personnage réceptif à l'environnement et sensible aux ambiances. Besoin d'une sécurité avant tout affective. Humeurs changeantes et possible tendance à la mélancolie. Aime se sentir soutenu. À besoin de l'autre pour se réaliser. Parfois dépendance aux marques d'affection ou sensation de rejet. Émotivité. Apparence de douceur, de modestie.
Besoin impératif d'attention et d'équilibre relationnel.
Cherche à éviter l'abandon, la solitude, le désamour.
Nécessité d'une bonne gestion des émotions. Besoin de vivre en accord avec les valeurs de l'accueil et de l'empathie. Il s'oppose généralement aux caractéristiques du 1 et du 8.

Structure 3 : personnage qui a besoin de centres d'intérêts variés. Il est curieux d'apprendre et il doté d'une grande habileté mentale. Il a besoin de s'exprimer et d'avoir des relations sociales nombreuses. C'est un caractère enclin à s'adapter et à communiquer facilement. Sa nature est souvent vive et enthousiaste. Parfois agitation, superficialité ou au contraire personnalité renfermée. Apparence sociable, aimable, sympathique, ouverte. Besoin de se sentir apprécié.
Besoin impératif de plaisirs, de joie, de facilité, de légèreté.
Cherche à éviter l'ennui, la monotonie et parfois l'effort.
Nécessité de s'ouvrir en canalisant les énergies, en exprimant sa créativité et son optimisme. Il s'oppose généralement aux caractéristiques du 4 et du 7.

Structure 4 : personnage centré sur des besoins de sécurité. Très attaché aux valeurs d'authenticité et de qualité de vie (nourriture si en lien avec le 2 par exemple). Importance de la nature dans

l'équilibre du sujet. Tendance à la programmation. Gestion et dépenses sous contrôle. Freins aux dépenses ou avarice. Tendance à protéger ses avoirs. Parfois paresse ou manque d'application. Tendance à la culpabilité et à l'auto-jugement. Apparence souvent structuré, réfléchi, stable.
Besoin impératif de cadres sécurisants et de stabilité.
Cherche a éviter la négligence, l'erreur, l'imprévu, la trahison.
Nécessité de se créer des habitudes, des rituels, des process pour ne pas rester emprisonner dans ses peurs. Besoin d'avancer avec méthode, en prenant le temps nécessaire à la réalisation de chaque étape. Le sujet n'aime généralement pas se sentir bousculé ou dans l'obligation d'agir rapidement. Il aime prévoir et anticiper, ce qui peut inhiber sa spontanéité. Nécessité de trouver ou de se sentir à sa place. Il s'oppose généralement aux caractéristiques du 3 et du 5.

Structure 5 : personne dynamique, qui s'adapte facilement. Recherche de contacts variés. Grand besoin de préserver son indépendance. Refus des chaînes. Goût de la séduction, donjuanisme. Sait faire preuve d'audace y compris dans ses conquêtes amoureuses, surtout si le 5 se reporte dans le deuxième prénom qui nous parle des partenaires ou dans le troisième prénom qui lui renvoie aux plaisirs, aux relations sentimentales et aux distractions. S'accorde facilement des libertés sur les conventions sociales et les engagements pris. Apparence charmante, mobile, adaptable, qui se veut libre et sans contrainte… Parfois, personnage qui manque d'ouverture.
Besoin impératif de conquète, de liberté, de rapidité, de promptitude. Importance de la sexualité.
Cherche à éviter l'enfermement, les dogmes et les divers conditionnements.
Nécessité de s'ouvrir aux changements, de les provoquer sans instabilité ni excès. Déplacements et mobilité nécessaires à

l'épanouissement du sujet. Il s'oppose généralement aux caractéristiques du 4 et du 6.

Structure 6 : personnage à la recherche de l'harmonie parfaite. Le jugement et la motivation sont influencés par les affects. Intérêt prononcé pour l'esthétique et le confort. Sensibilité à la critique et nature souvent très exigeante. Besoin d'un groupe d'appartenance, d'une famille. Veut parfois tout gérer. Aime conseiller et faire des recommandations. À souvent des difficultés à faire des choix et à éprouver de la satisfaction. Aime parfois prendre à sa charge la vie des autres, parfois à ses dépends. Parfois irresponsabilité ou ingérence. Apparence charmeuse, compréhensive, esthète, sélective...
Besoin impératif d'équilibrer, de soigner, d'apporter du mieux-être, de l'esthétique, du beau.
Cherche à éviter le banal et les tensions.
Nécessité d'intégrer une part d'affectif dans ses réalisations. Besoin d'harmonisation dans les relations. Prise de responsabilités à équilibrer (familiales, professionnelles...). Il s'oppose généralement aux caractéristiques du 5 et du 7.

Structure 7 : désir d'indépendance et d'originalité. Aime remettre en question les normes établies. Souhaite explorer des voies nouvelles. Souvent avant gardiste et incompris. Esprit libre et refus des diktas de la société. Souvent réfractaire à toute forme d'autorité. Besoin de se démarquer. Parfois pessimisme et manque de confiance. Discrétion. Mental fort qui entrave parfois l'action. Il a beson d'analyser, d'observer et de comprendre l'aspect caché des choses. Goût pour l'investigation. Apparaît souvent comme quelqu'un de réfléchi, concentré, mystérieux ou caustique.
Besoin impératif d'indépendance.
Cherche à éviter l'envahissement, l'ingérence.

Nécessité de perfectionnement. Recherche de singularité. Se doit d'inclure un aspect mental, intellectuel ou spécialisé dans ses activités. Il s'oppose généralement aux caractéristiques du 2 et du 6.

Structure 8 : personnage entier qui manque souvent de souplesse et de nuance. Besoin de commandement et de pouvoir. Esprit combatif et bonne résistance. Aime la lutte et l'affrontement. Désir d'évolution et de transformation personnelle. Il inspire confiance ou fait peur par sa puissance, son côté direct et énergique.
Besoin impératif de réalisation sur le terrain et de réussite. Pragmatisme. Apparence de solidité, d'efficacité, de puissance et d'autorité.
Cherche à éviter la faiblesse et les situations de soumission. Parfois, manque d'audace.
Nécessité d'actions audacieuses et ambitieuses. Doit trouver une forme de légitimité et croire en sa valeur pour se faire respecter sans recourir au scénario de la victime et du bourreau. Il s'oppose généralement aux caractéristiques du 2 et du 7.

Structure 9 : personnage idéaliste et généreux. Il est guidé par la passion et les rêves. C'est un être qui apprécie voyager et s'évader intérieurement. Il aime imaginer et doit pouvoir élargir son horizon ! Il se sent souvent investit d'une mission et il est prêt à défendre des causes impersonnelles. Avec un chemin de vie 9, il y aura une élévation morale du natif. Il se montrera avec le temps plus noble, plus digne et pourra susciter l'admiration et le respect de son entourage. Il aime rendre service et défendre les valeurs de fraternité. Il fait généralement preuve de compassion et se rend facilement disponible parcequ'il ne sait pas toujours dire non. Il est la plupart du temps ouvert sur le monde mais lorsque la pression extérieure est trop forte ou s'il est déçu par ceux qui l'entourent, il peut vouloir se réfugier dans son monde à lui. Il a besoin d'aventure. Parfois, ses utopies l'emportent. Certains, dont l'inquiétude est forte, évoluent dans un monde ou une communauté plus restreinte, étriquée, sans réel désir de s'extirper, tout en s'effaçant au profit d'un petit groupe et de l'intérêt général. Il doivent apprendre à s'affirmer pour faire respecter leurs besoins. Le sujet à la possibilité de construire le monde qui reflète son idéal. Il ne doit d'ailleurs pas le perdre de vue. Les résultats seront proportionnels à l'intensité de la passion investie. Il donne souvent l'apparence d'un personnage très idéaliste, sensible, parfois fragile et marqué par de multiples déceptions. Certains ont besoin de travestir la réalité, de frauder, de faire illusion. D'autres s'impliquent dans des situations confuses, des histoires nébuleuses. Dans certains cas, le natif peine à trouver un équilibre émotionnel ou psychique, une harmonie intérieure. Tout lui semble flou, nébuleux, compliqué à moins que ce ne soit lui-même qui ne complique les choses inutilement. Il ne connaît pas toujours la nature de ses besoins et peut vouloir se fondre dans la masse.

Besoin impératif d'évasion, d'émotions et de réalisations importantes.

Doit éviter les limites et les situations restrictives.

Nécessité de répondre à une vocation, de s'ouvrir à des projets d'envergures et collectifs. Nécessité d'élargir ses horizons, de voir plus grand pour éviter les freins à l'expansion et les déceptions. Doit maintenir la cohésion d'un groupe, d'une famille. Doit faire vivre et réaliser ses rêves. Certaines personnes se donnent corps et âmes pour les autres, ou se lancent dans des projets « grandioses » dans le seul but de combler un immense besoin de reconnaissance. Recherche de renommée. S'oppose au 4 et au 8.

***

Pour compléter l'interprétation du nombre de structure nous allons faire appel à un autre élément :

LE NOMBRE D'IMPULSION STRUCTURELLE

Ce nombre vient avantageusement compléter et nuancer le tableau décrit par le nombre de structure. Il l'altère d'un dièse ou d'un bémol. En fonction de sa valeur, il le confirme ou l'infirme. Il le colore en apportant un élément d'impulsion. On peut alors déterminer sa véritable « force », son orientation et son « essence » réelle. Si la valeur du nombre d'impulsion structurelle est identique à celle du nombre de structure, on pourra conclure à une confirmation, une accentuation forte des caractéristiques mais aussi à d'éventuels excès. Certains nombres, au contraire, vont adoucir, ouvrir ou dynamiser...

CALCUL DU NOMBRE D'IMPULSION STRUCTURELLE

Le nombre d'impulsion structurelle est déterminé par la somme de la valeur des consonnes de tous les prénoms.

J	A	C	Q	U	E	S	+	R	E	N	E		C	H	I	R	A	C
10	1	3	17	21	5	19	+	18	5	14	5		3	8	9	18	1	3

Pour Jacques CHIRAC nous obtenons :

10+3+17+19+18+14 = 81 = **9**.

Le nombre d'impulsion structurelle de Jacques CHIRAC est **81/9**.

Notez au passage le sous-nombre 81 qui est l'indice de force, d'énergie (8), d'action, de dynamisme... (1) et confère au 9 final des ambitions certaines et un besoin évident de mener des projets importants (9).

INTERPRÉTATION DU NOMBRE D'IMPULSION STRUCTURELLE

1 : énergie, affirmation, dynamisme, autorité, volonté, orgueil.
2 : sensibilité, écoute, réceptivité, indulgence, calme, passivité.
3 : extraversion, enthousiasme, communication, légèreté.
4 : sérieux, patience, méthode, routine, pessimisme.
5 : curiosité, impulsivité, rapidité, polyvalence, versatilité.
6 : affectivité, sensibilité, responsabilité, perfectionnisme.
7 : cérébralité, analyse, observation, retrait, introversion.
8 : autorité, courage, énergie, entêté, domination, irritable.
9 : générosité, sensibilité, passion, ouverture, hypersensibilité.
11 : direction, autorité, ascendance.
22 : énergie, réalisation, ambition.

ÉTAPE N°3

ÉTABLISSEMENT DE LA GRILLE D'INCLUSION

La grille d'inclusion est capitale car on doit y faire référence en permanence. Elle fait l'inventaire des potentialités du sujet liées aux 9 domaines décrits par les nombres de 1 à 9.
Son montage est simple à réaliser puisqu'il suffit de répertorier toutes les lettres de même valeur (réduite à un chiffre) pour ensuite les reporter dans la case correspondante.

Rappel : nous prenons en considération l'identité complète du sujet à savoir son nom et tous ses prénoms déclarés à la naissance.

La grille d'inclusion et parfois représentée sous la forme d'un carré. Pour ma part je préfère sa forme linéaire.

La grille d'inclusion de Jacques René CHIRAC se présente comme suit :

1	2	3	4	5	6	7	8	9
4	0	4	0	4	0	0	2	3

Sur la ligne du haut sont inscrits les 9 domaines dont vous trouverez la signification à la page 86.
Sur la ligne du bas se trouvent les modulateurs.

Les modulateurs représentent la somme des lettres de même valeur contenues dans l'identité. Ils vont former, avec le ou les domaines auxquels ils sont associés des assemblages indissociables.

Rappel de la valeur non réduite de chaque lettre :

```
J   A   C   Q   U   E   S       R   E   N   E       C   H   I   R   A   C
10  1   3   17  21  5   19      18  5   14  5       3   8   9   18  1   3
```

Valeurs réduites :

| **1** | **1** | 3 | 8 | 3 | 5 | **1** | | 9 | 5 | 5 | 5 | | 3 | 8 | 9 | 9 | **1** | 3 |

Ainsi nous pouvons compter 4 lettres de valeur 1 (ici en gras pour l'exemple). Soit : 1 J, 2 A et 1 S. Nous reportons ce total dans la case 1 de l'inclusion. Le domaine du 1 est modulé par le 4.

Nous obtenons donc :

1	Domaine du 1 ou case 1
4	modulateur 4

Continuons…

Il n'y a aucune lettre de valeur 2. Nous indiquons donc dans la case 2 un 0. On dit alors que son intensité est nulle (IN).[5]

Nous obtenons :

2	Domaine du 2 ou case 2
0	Modulateur 0 ou IN

Nous comptabilisons ensuite 4 lettres de valeur 3. Nous indiquons donc un 4 dans la case 3 de l'inclusion. Il n'y a aucune lettre de valeur 4. Nous indiquons que la case est en intensité nulle (IN) ou nous notons un zéro. Il y a 4 lettres de valeur 5. Nous indiquons un 4 dans la case 5. Pour l'interprétation nous dirons par exemple que le domaine du 3 est modulé ou s'exprime à travers la symbolique du nombre 4.

Ce principe s'applique à toutes les autres cases. Le modulateur nous renseigne sur le type d'énergie mise en application dans le domaine avec lequel il s'associe. Un modulateur 4 sur la case 1 de l'inclusion dévoilera un personnage rigoureux et structuré dans ses initiatives. Il apportera également au 1 un esprit plus méthodique, du sens pratique et le sérieux nécessaire à la réalisation de projets durables. L'association du 1 et du 4 désigne aussi un caractère droit qui sait faire preuve d'auto-discipline et dont l'esprit est souvent apte à canaliser et structurer. L'apport

---
[5]Terme emprunté à Michel Afriat – La symphonie des nombres – éditions Guy Trédaniel.

d'élément « Terre » avec le 4 précise un 1 plus patient et lui évite de tomber dans les écueils de l'impatience, de l'incompétence ou de l'inexpérience… Si vous êtes face à un modulateur 3, dont l'élément principal est « Air », toujours dans le domaine du 1, vous conclurez à du dynamisme, de l'enthousiasme et de la spontanéité qui peuvent toutefois conduire à un manque de préparation, de l'insouciance ou de l'agitation surtout avec un défi 1 ou 3… (nous aborderons ce sujet un peu plus loin). Les projets sont démarrés plus rapidement en raison d'une réactivité plus vive (les nombres 1 et 3 sont « primaires »). Autre exemple : un modulateur 6 sur la case 1 confère au sujet un besoin de plaire. Il peut être charmeur et en quête de reconnaissance. Importance du beau, parfois goût du faste. La dynamique est affective, il ne s'investit que s'il aime ce qu'il entreprend. Une notion de qualité intervient dans les choix du sujet. Rejet du « médiocre » et besoin d'un rayonnement valorisant… Dernier exemple : un modulateur 2 sur la case 8. Les émotions ressentis par le sujet sont fortes et sources d'énergie. Avec le 8 on exprime plutôt la colère. Elle peut avoir un impact sur les actions. Si le 2 est absent de la grille d'inclusion et qu'il est donc caractérisé par une intensité nulle ou une carence, on peut conclure que le sujet ne sait pas toujours gérer ses émotions. Soit il ne les écoute pas, soit il a des difficultés à les canaliser, soit encore, il se laisse déborder par elles. Toujours est-il qu'elles généreront des tensions relationnelles. L'ensemble du thème nous conduira à l'interprétation la plus juste.

Pensez à bien nuancer vos observations et prenez bien en considération toutes les informations collectées précedemment.

ÉTAPE N°4

LA CASE 1 DE LA GRILLE D'INCLUSION : LE POSITIONNEMENT PERSONNEL

Retenons pour le moment les informations de la case 1 relatives à l'individualité du sujet, son rayonnement et ses capacités d'actions. C'est la réponse à : « comment agit le sujet ? ». Jacques CHIRAC agit avec le 4. Nous pouvons éventuellement observer les cases sur lesquelles ce même modulateur (le 4) est présent. Celles-ci précisent l'interprétation. Notez également le report du 1 sur d'autres cases qui indique qu'une énergie personnelle est investie dans le domaine concerné.

1	2	3	4	5	6	7	8	9
4	0	4	0	4	0	0	2	3

Ici nous remarquons la présence du 4 dans les domaines du 1, du 3 et du 5. Ces cases sont liées. Leur interprétation est conjointe. Dans le rayonnement du sujet (case 1) nous devons intégrer les données de la case 3 et de la case 5. Autrement dit, son rayonnement sera soumis aux aspects liés à la communication et à ses capacités adaptatives. Il n'y a pas de 1 dans les autres cases de l'inclusion. Interprétation du domaine du 1 à l'étape n° 5 !

Pour Jacques CHIRAC :

nous avons un 4 dans la case 1 qui nous indique un égo « saturnien » qui peut mener à une forme de rigidité et d'austérité. Les tendances autoritaires convergent et se renforcent. Le pessimisme est faible. L'individu est résolu et rigoureux. Il est ferme et a la volonté d'agir sans se laisser parasiter par des considérations émotives et sentimentales. C'est également l'indice d'auto-discipline, d'honnêteté et de moralité...

Effectuons maintenant une première synthèse avec le nombre de structure qui, pour rappel, sert de base à l'interprétation. Nous prendrons également en considération le modulateur inscrit sur le domaine 5 ou la case 5 de l'inclusion. Celle-ci correspond à la valeur du nombre de structure de Jacques CHIRAC. Ces deux nombres sont liés et indissociables. Ils ne fonctionnent pas l'un sans l'autre. C'est toutefois le nombre de structure qui prend l'ascendant. Le modulateur, ici le 4, vient moduler et apporter des précisions. Il ne faut pas inverser l'ordre de priorité.

SYNTHÈSE N° 1

Structure 5 (avec modulateur 4 sur case 5 + nombre d'impulsion structurelle 9) et 4 sur la case 1.

Nous savons maintenant que Jacques CHIRAC avait des besoins prioritaires de type 5 et qu'il agissait en 4 (4 dans la case 1). Il avait donc besoin de liberté, et d'indépendance. Il pouvait rejeter ce qui gênait ou entravait sa liberté ou du moins, avoir du mal à s'en accomoder. Son goût pour les contacts et son besoin de conquête personnelle étaient prononcés (sous-nombre 113). Doté d'une grande mobilité et d'une vivacité certaine, il était en mesure de s'adapter à de nombreuses situations. Il savait remettre en question (par le 5) ses principes (le 4) et accepter les changements (le 4 = les principes, se trouve dans la case 5 = les changements). Il était toutefois mesuré dans son expression et prévoyant dans ses actions (nous effectuons le lien entre le modulateur 4 de la

---

case 5 et le nombre de structure 5 – ces deux paramètres sont reliés par le 5). Le travail était source de nombreux changements (mod. 4 = travail, sur case 5 = changements). Le nombre d'impulsion structurelle 9, allié au nombre de strucure 5 est l'indice d'une ouverture sans frontière, d'une grande générosité et d'un besoin d'élargir au maximum ses horizons. Avec le sous-nombre 81, c'est le signe d'une importante ambition (le 9 voit grand, tandis que le 1 et le 8 apportent le désir de réussir). Le 9 évoque aussi, toujours en lien avec le nombre de structure 5, des compétences en matière de diplomatie. Cette association est également annonciatrice de mouvements et de nombreux déplacements, d'un besoin de s'aventurer au-delà du cadre habituel, au-delà de certaines frontières et parfois signale l'étranger et l'importance des langues. Elle favorise le développement et ouvre les perspectives tant sur le plan personnel que sur le plan de la carrière (sous-nombre 81 du nombre d'impulsion). Les valeurs de mérite et de travail transmisent par le père étaient importantes (mod. 4 sur case 1) et laissent supposer une certaine probité. Jacques CHIRAC ne prenait pas les choses à la légères mais avec sérieux. Il s'affirmait et se présentait comme un être stable, faisant preuve de rigueur et de patience tout en utilisant l'adaptabilité et la souplesse que lui accordait son nombre de structure 5. Le modulateur 4 dans le domaine du 5 nous confirme qu'il savait contrôler une impatience éventuelle. S'il était prompt à l'action et à la prise de risques, il le faisait de manière contrôlée et calculée. Le 4 concerne la place, le 1 représentente les revendications du sujet et son rayonnement. On peut en conclure que Jacques CHIRAC revendiquait une place d'autorité puisque en s'as-sociant au 1, le 4 nous indique la solidité ainsi que la fermeté, des capacités de commandement et d'encadrement. Cela représente aussi un désir inconscient de prendre la place du

> père ou d'un modèle auquel il a pu s'identifier (le 1 parle d'identification). Le 4 en case 1 attire également notre attention sur l'importance du temps et du travail dans le rayonnement social. La patience et le franchissement par étape étaient donc de mise avant qu'il n'y accède. À noter : le rayonnement d'un sujet est une notion subjective qui repose sur des critères, des valeurs et des situations contextuelles personnels. Ainsi, on ne pouvait pas présager de sa volonté de devenir Chef d'État par la simple approche numérologique, même s'il existe des indices forts en terme d'autorité et de direction. C'est une valeur qui est donc propre à la situation et au cadre d'évolution de chacun, soulignons-le... Toujours est-il que les valeurs de travail, de sérieux (4)... y ont largement contribué. Jacques CHIRAC était à la fois libre, ouvert, dynamique, réformateur (5), méthodique et respectueux de certaines « traditions » (4) tout en sachant s 'en écarter (5). Jacques CHIRAC s'est réalisé (nombre de structure) à travers de nombreux changements (5) auxquels il a su s'adapter et aux travers desquels il a su se construire.

POUR COMPLÉTER L'ANALYSE : les liaisons.

Le graphique suivant (qui reprend quelques éléments d'analyse du thème de Jacques CHIRAC) met en lumière les liaisons qui existent entre les différents éléments du thème. Elles vous seront utiles et plus familières lorsque vous serez suffisamment « à l'aise » avec l'ensemble des paramètres. Toutes ces cases sont liées et doivent faire l'objet d'une interprétation conjointe. Ces « ponts » permettent, à partir des définitions « types », de personnaliser l'interprétation, de la rendre plus juste et plus proche de la réalité du natif. Toutes les liaisons (les flèches) n'ont pas été représentées pour en faciliter la compréhension. Nous pourrions aussi relier le premier prénom à la case 3 par exemple, tous deux marqués par le 4... En pointillés, j'ai voulu attirer votre attention sur la liaison qui existe entre le nombre de structure 5 et la case du mode « mental » 5 (MENT) que nous abordons plus loin. Ce lien souligne que les capacités mentales sont mises au service des réalisations. Il précise aussi le caractère « intellectuel » et cérébral de Jacques CHIRAC ainsi que l'importance des études qui peuvent se faire à l'étranger (le 5 indique les contextes hors cadre habituel, en dehors des frontières du sujet et peut potentiellement représenter l'étranger). Nous avons donc intégré le mode mental dans l'interprétation du nombre de structure.

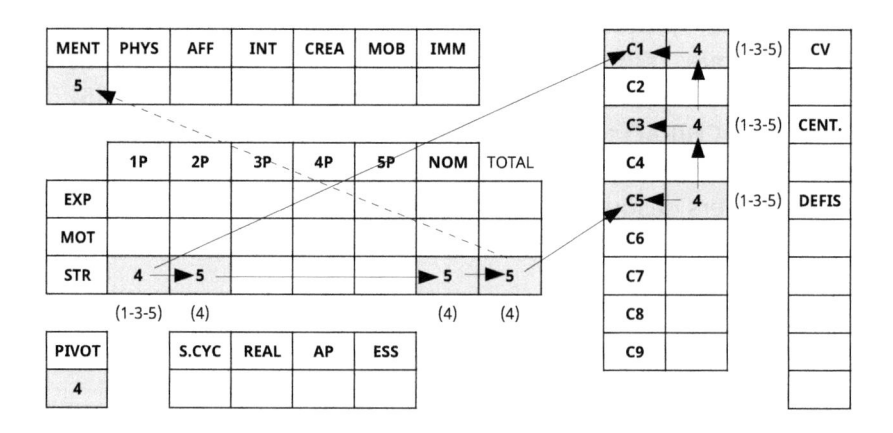

MENT	PHYS	AFF	INT	CREA	MOB	IMM
5						

	1P	2P	3P	4P	5P	NOM	TOTAL
EXP							
MOT							
STR	4	5			5	5	
	(1-3-5)	(4)			(4)	(4)	

PIVOT	S.CYC	REAL	AP	ESS
4				

C1	4	(1-3-5)	CV
C2			
C3	4	(1-3-5)	CENT.
C4			
C5	4	(1-3-5)	DEFIS
C6			
C7			
C8			
C9			

Entre parenthèse, nous avons noté les liens correspondants. Le 4 est par exemple lié à la case 1, la case 3 et la case 5 (1 : affirmation ; 3 : communication et 5 : liberté, mobilité).

Exemple d'interprétation : le domaine « 1 » de Jacques CHIRAC. Nous pourrions dire qu'il s'affirmait avec sérieux en prêtant une attention particulière à sa façon de s'exprimer. Il choisissait ses mots, préparait (mot clé du 4) ses discours, ses phrases (mots clés du 3). Il s'en tenait souvent à l'essentiel, à l'utile ou au nécessaire (mots clés du 4). Le 4 sur la case 3 contient, encadre, freine la dispersion et la tendance à la superficialité du 3. C'était un homme « construit », structuré et réfléchit. Il pouvait aussi retarder (4) son expresion (3), pour mieux la contrôler (4). Il pouvait apparaîte comme quelqu'un pouvant manquer de fantaisie, s'empêchant un certain lâcher prise (mod 4 sur case 5). L'empreinte familiale était forte en particulier celle du père qui a dû jouer un rôle important dans l'expression personnel du sujet. Le 4 en case 5 nous indique que la liberté personnelle de Jacques CHIRAC a pu être limitée, soit en raison d'un besoin de sécurité important (l'information nous est donnée par l'intensité nulle ou 0 en case 4), soit en raison d'une culpabilité qui reste à déterminer, soit en raison de contextes particulièrement restrictifs ou de blocages divers. Tous ces cas de figure sont envisageables. Le 4 a également une tendance à l'autocensure. Il n'en demeure pas moins que Jacques CHIRAC aimait les sorties, la liberté de mouvement, les voyages et les contacts (nombre de structure 5). On remarque ici la dualité entre le 4 et le 5 qui, d'une certaine manière se neutralisaient mutuellement et ont très certainement généré des tensions internes...

Nous pourrions continuer cet exemple mais cela dépasserait les intentions de ce livre. Les mécanismes d'interaction ont été largement développé par Françoise Daviet. Je vous conseille vivement la lecture de ses ouvrages.

ÉTAPE N°5

LES AUTRES CASES DE L'INCLUSION

Case 1 : l'égo, la relation au père, la manière de gérer son individualité et la façon de s'affirmer, la confiance en soi, les revendications du sujet et son rayonnement, son positionnement personnel.

Case 2 : l'écoute, les associations, la relation à la mère, les capacités d'accueil, les émotions, la sensibilité, la capacité d'union, l'équilibre.

Case 3 : l'enthousiasme, la sociabilité, la communication, la relation aux frères et sœurs, l'adolescence, la manière de s'exprimer, les stages d'études, le jeu, l'enfant en soi.

Case 4 : les structures, le travail, la gestion du temps, la place que l'on souhaite inconsciemment occuper, les capacités de réalisation, les peurs, les efforts.

Case 5 : la liberté, les capacités d'adaptation, la sexualité, la mobilité, les plaisirs, le besoin d'expériences, le type d'homme pour une femme, l'ouverture aux changements. L'équilibre du sujet.

Case 6 : la famille, l'amour, ce que l'on aime, le type de femme pour un homme, les responsabilités, l'esprit de conciliation, le sens de l'engagement. Le domaine concerné par des exigences de qualités.

Case 7 : nos réflexions personnelles, notre originalité, notre activité mentale. Nos désirs de solitude, de retranchement, nos révoltes.

Case 8 : la matérialité, les transformations profondes, le karma, les héritages, l'argent, le pouvoir, la témérité, la combativité.

Case 9 : le but, l'idéal de vie, les voyages, l'altruisme, la manière de se comporter avec les autres, les divers sacrifices, le don de soi, l'ouverture au monde qui nous entoure.

COMMENT INTERPRÉTER LA GRILLE D'INCLUSION

La lecture de la grille d'inclusion se fait toujours de la case inférieure (modulateur) vers la case supérieure (le domaine).
C'est un peu comme répondre à la question « comment » et dans « quel domaine » le sujet exprime telle ou telle énergie. Ces assemblages nous donnent aussi des informations sur le vécu et les différentes expériences du natif.

Prenons un exemple :

2	Domaine du 2 : mère -couple – association – enfance...
3	Comment s'exprime-t-il dans le domaine du 2 ? Quels types d'expériences fera-t-il dans le secteur de la relation à l'autre ? Qu'à-t-il vécu dans ce domaine... ?

Ici, on pourrait parler de créativité dans les partenariats, de l'importance des enfants dans le couple, d'une communication facilitée avec les femmes ou la mère, d'un sens de l'accueil enthousiaste, jovial, d'une imagination féconde, d'un besoin de communication intime, d'une enfance protégée, couvée, d'une sociabilité souple, d'une mère enfant ou jeune d'esprit... bref les possibilités ne manquent pas et c'est à chacun de fouiller pour déterminer ce qui convient le mieux à l'analyse du sujet. Tous les cas de figures sont possibles. Nous n'allons pas ici détailler avec précision tous les assemblages. Je vous renvoie pour cela à la bibliographie. Certains auteurs ont largement développé cet aspect. Je pense en particulier à Françoise Daviet et François Notter. Sachez qu'en la matière, tout n'a pas été écrit et qu'il vous est possible, à vous aussi, de proposer et de coucher sur le papier vos réflexions et vos interprétations personnelles.

GÉNÉRALITÉS SUR L'INTERPRÉTATION DES MODULATEURS DANS LES DOMAINES

Un modulateur 0 mettra en avant un potentiel non exprimé, une carence ou encore la nécessité de faire éclore les forces du domaine qui lui est associé. Il est parfois l'indice d'obstacles à surmonter surtout s'il est en lien avec un cycle. Il peut aussi indiquer une forte attente de la part du sujet en relation avec l'énergie concernée. Il peut souhaiter l'intégrer, la recevoir, l'accueillir, se l'approprier, en jouir. Prenons l'exemple d'un 0 sur la case 2 qui indique une carence affective. Cette personne sera donc dans l'attente profonde de témoignages d'amour et d'affection qu'elle n'a pas reçu étant enfant. C'est comme si cette case vide devait se remplir impérativement pour combler et réparer un manque. C'est cette frustration qui va conduire le sujet à une certaine forme d'avidité. Les périodes qui verront apparaître un cycle correspondant à une intensité nulle feront l'objet de la mise en place de mécanismes compensatoires de ce type. C'est le cas, par exemple, de la 2ème réalisation universelle (entre 9 et 18 ans) pendant laquelle le sujet peut voir ressurgir ce manque et ce besoin non satisfait. Il peut vivre alors des périodes de régression affective. Le zéro est aussi l'indice d'un secteur qui connaîtra une évolution, une transformation pour le natif...

INTERPRÉTATIONS LES PLUS FRÉQUENTES DES NOMBRES MANQUANTS OU EN INTENSITÉ NULLE

Intensité nulle en 1 : manque de confiance en soi, timidité, manque de volonté, d'ambition. Malléable, il doit apprendre à s'affirmer. C'est parfois le signe d'un complexe de mégalomanie et de supériorité.

Intensité nulle en 2 : capacité d'union et d'association faible. Désir d'indépendance en opposition avec un besoin de protection et d'avidité affective. Complexe d'abandon.

Intensité nulle en 3 : difficultés dans la communication, tendance à se taire, maladresses. Se coupe parfois du monde. Doit apprendre aussi à s'estimer, à reconnaître ses talents et à les exprimer. Complexe de rivalité ou de supériorité.

Intensité nulle en 4 : soit manque d'application et de stabilité, soit au contraire, maniaque et perfectionniste. À déterminer selon l'ensemble du thème. Difficulté à trouver sa place. Complexe de culpabilité ou d'insécurité. Parfois peu soucieux des détails.

Intensité nulle en 5 : résistance aux changements, difficultés d'adaptation. Liberté parfois limitée. Difficultés d'intégration. Complexe de l'étranger ou d'exclusion.

Intensité nulle en 6 : tendance à nier ses responsabilités et à exiger beaucoup d'autrui. Esprit peu conciliant. Difficultés d'engagement dans le couple. Complexe de Narcisse.

Intensité nulle en 7 : crainte de la solitude et des périodes d'isolement. Manque de vie intérieure. Peu introspectif. Complexe d'infériorité.

Intensité nulle en 8 : manque d'équilibre sur le plan matériel. Nécessité de s'assumer sur le plan financier. Complexe sadique, masochiste ou de Chronos. Pusillanimité.

Intensité nulle en 9 : manque de compassion et de compréhension face aux problèmes humains. Égoïsme. Complexes d'Œdipe et de rédemption.

Pour Jacques CHIRAC :

0 en case 2 : carence affective à la naissance ou pendant l'enfance. Collaborations et associations difficiles ce qui vient confirmer le besoin d'indépendance du nombre de structure 5.

0 en case 4 : complexe de culpabilité. Esprit perfectionniste. Climat d'insécurité vécu. Recherche de sécurité.

0 en case 6 : blessure narcissique. Complexe de Narcisse, besoin d'être valorisé. Esprit peu conciliant.

0 en case 7 : besoin de prouver sa valeur autant aux autres qu'à lui-même. C'est le résultat d'un manque de confiance et d'un complexe d'infériorité. Besoin d'élargir le champs de ses connaissances.

LES AUTRES MODULATEURS

Un modulateur 1 mettra en avant un besoin d'affirmation et d'indépendance dans le domaine qui lui est associé. Besoin d'activer l'énergie concernée de façon dynamique et parfois égoïste. Domination possible en rapport avec l'énergie surtout si défi 1.

Un modulateur 2 mettra en avant un besoin de coopération dans le domaine qui lui est associé. Il est parfois indicateur de passivité et de laisser faire. Besoin de sérénité, de quiétude, de tranquillité... bref un domaine à ne pas trop bousculer. Besoin d'attention et d'approbation. Dépendances diverses.

Pour Jacques CHIRAC :

2 en case 8 : nécessité de collaborer pour atteindre les objectifs les plus ambitieux. Le 2 étant en intensité nulle, le sujet peut avoir des difficultés à s'y résoudre. Émotivié forte dissimulée sous des dehors combatifs. Mère castratrice.

Un modulateur 3 mettra en avant un besoin d'expression et d'enthousiasme dans le domaine qui lui est associé. Le domaine concerné n'est parfois pas pris au sérieux. Apporte une certaine légèreté. Besoin de facilité et de plaisir.

Pour Jacques CHIRAC :

3 en case 9 : ouverture au monde et sur les différentes cultures. Communication et échanges facilités. Intérêt pour l'étranger. Sens des relations publiques.

Un modulateur 4 mettra en avant un besoin de structuration et de sérieux dans le domaine qui lui est associé. Il indique souvent un retard ou un contrôle du sujet dans l'expression du domaine concerné. Parfois des blocages ou de l'anxiété en gêne l'expression. Rigidité, inflexibilité, méfiance si 4 en excés.

Pour Jacques CHIRAC :

4 en case 1 : la réalisation des ambitions est soumise au facteur temps. Personnalité stable, inspirant confiance. Inflexibilité.

4 en case 3 : l'enfance du sujet s'est déroulée selon des principes ou des circonstances qui ne lui ont pas permis de s'extravertir et de prendre sa place d'enfant. Frustrations. Les idées sont sérieuses et l'expression contrôlée. Besoin de relations fiables. Méfiance.

4 en case 5 : la liberté personnelle a pu être limitée pour des besoins de sécurité. L'empreinte parternelle a pu géner l'expression du sujet et freiner son désir d'émancipation. Changements contraignants.

Un modulateur 5 mettra en avant un besoin de liberté d'action et de mobilité dans le domaine qui lui est associé. Besoin d'expérimenter et de multiplier les approches en lien avec le domaine concerné. Indicateur de changements et nécessité d'élargir la zone de confort.

Un modulateur 6 mettra en avant un besoin d'harmonisation et de prise de responsabilité dans le domaine qui lui est associé. Besoin d'apaisement. Domaine dans lequel le sujet peut exprimer sa sensibilité et ses besoins en matière d'esthétisme, de raffinement, de qualité. Recherche d'une mise en valeur.

Un modulateur 7 mettra en avant un besoin d'individualisation ou de démarcation dans le domaine qui lui est associé. Il est parfois l'indice d'une tendance au silence. Recherche de compréhension. Analyse, observation. Il mène à une forme de détachement, d'éloignement, de distanciation. Parfois révolte et orgueil lorsqu'il est en lien avec des nombres forts comme le 1 ou le 8.

Un modulateur 8 mettra en avant un besoin de maîtrise et de transformation dans le domaine qui lui est associé. La combativité et la détermination s'exprimeront dans l'assemblage concerné. L'engagement y sera fort.

Un modulateur 9 mettra en avant un besoin d'altruisme et d'ouverture dans le domaine qui lui est associé. Partage, dévouement, idéalisme et compassion seront mis au service du secteur auquel il est relié. Il est parfois l'indice de déceptions ou de sacrifices divers.

PISTES D'INTERPRÉTATION POUR L'INCLUSION

Je vous présente ici quelques pistes pour l'interprétation des assemblages de l'inclusion. Vous pouvez les compléter en vous procurant les livres cités dans la bibliographie. Ces pistes sont à repenser, à adapter, à préciser pour les intégrer à l'ensemble du thème. Veillez à faire une synthèse cohérente.

• **LE MODULATEUR 1 : démarrage – prise de décision**

en case 1 : personnalité de type « solaire ». Renforcement de l'égo. Cherche à se mettre en avant, à être valorisé. Importance du père. Recherche de réussite et besoin de briller socialement.

en case 2 : le sujet est attentif à l'autre mais peut vouloir dominer. Mère répondant peu aux attentes affectives de l'enfant. Dans un thème féminin, la polarité masculine sera développée.

en case 3 : expression directe, idées claires et novatrices. Esprit brillant. Personnalité enthousiaste, enjouée.

en case 4 : travail indépendant. Critères de moralité personnels. Un complexe de culpabilité peut gêner le rayonnement du sujet. Le père est sérieux ou sévère. Importance des modes éducatifs dans lesquels le sujet peut rester enfermé.

en case 5 : personne énergique et avide de liberté. Agit comme elle l'entend. Instinctive. Apte à provoquer les changements nécessaires à l'évolution de son statut.

en case 6 : important sens des responsabilités. Exigence. Aime administrer, diriger le groupe d'appartenance. Chef de famille.

en case 7 : indépendance impérative. Grand besoin de se démarquer. Distanciation. Recherche intérieure. Désir d'évolution, de développement personnel. Ouverture aux idées nouvelles.

en case 8 : recherche la réussite financière. Pouvoir. Maîtrise. Besoin de s'assumer seul sur le plan matériel. Le sujet doit posseder pour exister. Esprit dominateur. Directif.

en case 9 : aime s'affirmer dans le groupe ou en public. Individualisme, égoïsme. Désir de prestige, de célébrité. Parfois, personnage médiatique. Parfois orgueilleux. Il se place au centre du monde.

- **LE MODULATEUR 2 : l'émotionnel – partenariats - écoute**

en case 1 : sujet influencé par l'élément Eau. Sensibilité et possibles difficultés à s'imposer. S'affirme en douceur. Passivité ou lenteur devant certaines décisions à prendre. Influençable. Esprit conciliant. Sens de l'écoute. Parfois « éponge » émotionnelle. Besoin d'attention et d'amour pour exister, surtout si la case 2 est en intensité nulle (0 en case 2). Dépendance à la mère.

en case 2 : grande sensibilité. Besoin de l'autre. Besoin de tendresse dans le couple et d'attention mutuelle. Besoin d'être pris en charge. Rejet du conflit.

en case 3 : communication souple. Besoin de contacts variés. Créativité. Finesse d'esprit. Contacts faciles. Accessibilité. Gentillesse. Avenant, prévenant.

en case 4 : favorise le travail en collaboration. Parfois paresse ou passivité face au quotidien. Profession de conseil ou liée à l'imagination, la petite enfance ou à une forme de sensibilité. Dans certains cas, emploi subalterne ou nécessitant peu d'effort. Besoin d'un cadre souple. Sensibilité aux ambiances. Sujet à l'anxiété et à la mélancolie. Parfois le manque d'initiative compromet la réussite professionnelle. Tendance à l'insouciance possible. La mère apporte un cadre, une sécurité.

en case 5 : personne qui peut subir les changements. Grande sensualité. Tendresse dans les rapports affectifs. Besoin de divertissements. Se laisse parfois porter par des vents contraires. Peu de résistance. Peu enclin à l'effort soutenu.

en case 6 : passivité devant les responsabilités. Besoin de les partager et d'être soutenu. Besoin d'harmonie et d'amour. Sensible à la beauté.

en case 7 : imagination. Souplesse dans les idées. Parfois influençable. Timidité. Aime se retrouver en bord de mer, autour d'un lac, à proximité d'une rivière… Grand besoin d'apaisement intérieur. Méditation.

en case 8 : possibilité de victoire ou de gains par la collaboration. Sens du partage. Influence des femmes ou de la mère sur les finances. Mère possessive. Parfois manque d'énergie et de combativité. Difficultés à s'assumer seul. Doute de sa légitimité. Abandon. Tendance à baisser les bras surtout si le 2 est en excès.

en case 9 : beaucoup d'imagination, tendance aux rêves, aux fantasmes. Sensibilité à fleur de peau. Compassion. Charité. Besoin de vivre un amour inconditionnel. Parfois flou existentiel.

- **LE MODULATEUR 3 : enfant en soi – communication - jeux**

en case 1 : personne en attente de reconnaissance, qui soigne son image ou qui souhaite rester jeune. Ouverture à la communication. Épicurisme. Dynamisme.

en case 2 : favorise la communication dans le couple. Désir partager son enthousiasme. Vie affective source d'épanouissement. Grossesse multiple parfois.

en case 3 : communication impérative, besoin de joies, de sorties, de loisirs, de fêtes, de distractions. Parfois dispersion et frivolité. Esprit créatif. Importance des enfants et de la spontanéité. Épicurisme.

en case 4 : travail en rapport avec la communication. Le sujet peut être amené aussi travailler son mode de communication. Manque d'esprit de synthèse puisque le 3 disperse. Rejet des activités répétitives. Emplois multiples.

en case 5 : épicurien. Curiosité. Besoin important de loisirs et de distractions. Centres d'intérêts variés. Charmeur.

en case 6 : créativité, goût pour la décoration. Amour des enfants. Aime dialoguer en famille. Importance de l'image personnelle.

en case 7 : don pour l'écriture. Personne cérébrale. Capacité à transmettre des idées. Qualité d'enseignant. Échanges intellectuels. Apprend tout en s'amusant. Jeux de réflexion.

en case 8 : facilité pour le commerce, sens des affaires. Expression convaincante. Capacités de négociation. Facilités matérielles. Chance aux jeux parfois. Héritage possible si 3 ou 8 en nom de famille.

en case 9 : grande ouverture sur le monde extérieur. Importance du public dans l'expression du sujet. Diffusion, publication. Parfois, crédulité.

● **LE MODULATEUR 4 : structure – peur - place**

en case 1 : influence de l'élément Terre dans cette personnalité. Homme ou femme de principes. Besoin de fixer des règles et des limites. Méthodique. Parfois austère et rigide. Importance du temps dans le rayonnement du sujet. Sujet qui aime organiser et diriger.

en case 2 : besoin d'un couple sécurisant. Démonstrations affectives limitées, contenues. Méfiance dans les rapports affectifs. Besoin de faire confiance. Possessivité. Pudeur. Enfance restricitive en terme d'affecion.

en case 3 : communication structurée, préparée. Parfois blocage dans la spontanéité. Difficulté à s'exprimer ou à manifester de la joie. Inhibition. Communication sérieuse ou limitée au nécessaire. Rationnel. Peut manquer de vivacité. Possible problème d'élocution, peur de s'exprimer ou de faire valoir ses talents. Autosabotage. Freins à l'épanouissement.

en case 4 : organisé, méticuleux. Grand besoin de sécurité. Encadrement. Freins. Monotonie. Travail fastidieux ou peu épanouissant.

en case 5 : peu expansif. Manque de liberté. Se restreint, se limite. Parfois blocage dans la liberté d'agir. Dans certains cas, blocage sexuel.

en case 6 : sujet conservateur qui recherche la sécurité d'un foyer et à se constituer un cocon familiale. Responsable. Sens du devoir. Vie conventionnelle.

en case 7 : esprit cartésien, structuré mais tendance aux idées arrêtées qui favorisent un certain isolement. Entêtement sur le plan intellectuel. Besoin de comprendre les mécanismes. Esprit scientifique. Mémoire développée. Blocage dans la découverte de son originalité.

en case 8 : sens de l'économie. Besoin de se sécuriser matériellement. Inquiétudes fréquentes. Entêté, inflexible. Sens de l'effort. Organisation. Limitation, avarice. Attrait fréquent pour l'immobilier et la construction.

en case 9 : ouverture limitée ou freinée par un besoin de sécurité. Peur du groupe ou de la foule (ochlophobie). Travail à l'étranger ou dans les sciences humaines. Bénévolat parfois. Contrôle aux frontières. Blocage ou panne à l'étranger.

- **LE MODULATEUR 5 : mouvement – énergie - liberté**

en case 1 : personnalité charmeuse et indépendante. Tempérament dynamique, énergique mais parfois instable. Esprit de conquête et possible indiscipline.

en case 2 : les plaisirs passent par les relations amoureuses. Son goût pour la nouveauté est un frein à l'union durable. Importance de la sexualité dans le couple.

en case 3 : grande créativité et goût pour la communication. Amitiés ou relations multiples. Aime s'exprimer par l'écrit. Dispersion. Indépendance et vivacité d'esprit. Orateur.

en case 4 : besoin de liberté dans le travail. Déplacements professionnels. Activités liées aux sports ou aux voyages possibles. Liberté prise avec certaines règles ou règlements. Parfois tricheur. Contournement d'obstacles.

en case 5 : épris de liberté et besoin d'expériences variées. Rejet, des règlements, des cadres, des contraintes, de tout ce qui entrave la liberté. Indomptable. A horreur du confinement. Nervosité, agitation. Caprices. Caméléon. Adaptation facile. Sensualité exacerbée. Amour du changement. Versatile. Difficulté à se canaliser.

en case 6 : besoin de renouvellement au foyer. Attrait pour l'aménagement intérieur. Besoin d'un espace personnel. Parfois nomadisme sentimental. Importance de la sensualité.

en case 7 : indépendance et goût de la liberté renforcé. Mentalement nerveux ou instable. Curiosité. Libre penseur. Militantisme.

en case 8 : beaucoup d'énergie. Besoin d'activités physiques. Sens des négociations. Refus des barrières. Dépensier. Aime les jeux d'argent. Sexualité forte. Aime prendre des risques.

en case 9 : goût pour les voyages et les langues étrangères. Aime les vastes espaces de liberté. Besoin d'évasion et d'aventure.

● **LE MODULATEUR 6 : harmonie – bien-être - responsabilité**

en case 1 : sujet qui recherche la considération. Sensibilité à la beauté. Il peut aimer charmer et séduire. Narcissisme latent. Veut se montrer responsable. Exigeant.

en case 2 : la cellule familiale peut être le refuge du sujet. Recherche d'équilbre dans les associations. La mère peut être excessivement protectrice. Recherche de l'âme sœur. Importance de la vie sentimentale pour l'équilibre du sujet. Important besoin d'amour. Sensibilité.

en case 3 : dons pour la création et goûts artistiques prononcés. Cherche à s'exprimer de façon harmonieuse. Art de s'exprimer. Qualité de diplomatie. Sens du dialogue. Publicité. Art de mettre en valeur.

en case 4 : aime disposer d'un habitat confortable et décoré avec goût. Sujet responsable. Respect des traditions familiales. Parfois travail en famille.

en case 5 : sait charmer par le verbe. Responsabilités qui restreignent la liberté. Sensualité. Attrait pour le toucher, les massages. Désirs d'harmonie corporelle, de soigner et de modeler son corps.

en case 6 : talents artistiques, sens du beau. Aime plaire et séduire. Narcissisme. Amour de la famille. Recherche de l'amour parfait.

en case 7 : personne qui apprécie la beauté intérieure et qui peut chercher son originalité à travers l'art. Sensation de vide affectif parfois. Peut aimer la solitude.

en case 8 : amour des choses de valeurs. Goûts luxueux. Avidité matérielle. Dépensier. Comportement ostentatoire. Équilibre financier. Gains.

en case 9 : grande générosité et besoin de rendre service. Don de soi. L'amour est idéalisé.

- **LE MODULATEUR 7 : le mental – le savoir - l'indépendance**

en case 1 : sujet tourné vers lui-même. Tendance à l'introspection et au retrait. Possible sentiment d'infériorité ou sentiment d'être en marge ou différent. Le père peut être coupé du milieu ambiant. Facteur d'intellectualité. Indépendance.

en case 2 : les sentiments et les émotions sont vécues d'une manière discrète. L'être peine à exprimer son ressenti. Parfois, solitude dans le couple. Sélectivité dans les relations. Dans certains cas, célibat ou relation cachée.

en case 3 : l'être peut s'exprimer d'une manière originale. Parfois extravagance. Aime écrire ses réflexions. Idées novatrices. Création de concepts. Possible repli. Parfois misanthropie.

en case 4 : besoin d'indépendance. Attirance pour les professions techniques ou liées à la recherche. Travail isolé ou en rapport avec les domaines spécialisés.

en case 5 : indépendance et liberté farouchement défendues. Grande curiosité. Parfois, personnage solitaire, surtout si 5 ou 7 dans les nombres majeurs. Liberté de penser.

en case 6 : désir de perfection. Amoureux des connaissances. Apprécie la profondeur des échanges. Partage intellectuel. Très sélectif en amour.

en case 7 : monde intérieur riche. Sujet qui limite les contacts avec l'extérieur. Parfois hermite. Enfermement psychologique.

en case 8 : intelligence vive et dominatrice. Doué pour l'analyse. Intérêts pour le mystère, les choses cachées, l'occultisme. Enquête. Expertise.

en case 9 : attirance pour le domaine médical. Possible don pour la musique. Besoin de se ressourcer en dehors du système. Parfois reclus. Autisme.

● **LE MODULATEUR 8 : pouvoir – stratégie - puissance**

en case 1 : personnage ambitieux qui aime exercer un pouvoir. Forte personnalité. Forte détermination.

en case 2 : sentiments passionnels, parfois destructeurs. Possessivité. Mère dominatrice. Tendance autoritaire. Questions de répartitions financières dans le couple.

en case 3 : communication teintée d'agressivité. Exprime sa colère. Attrait pour le gain. Multiplie les sources de revenu. Peut aimer les sports de combat. Créativité rémunératrice. Grand pouvoir de persuasion.

en case 4 : grande énergie dans le travail. Sens des affaires. Désir d'acquérir des biens matériels. Dirigeant, encadrant. Profession de pouvoir ou liée à la justice.

en case 5 : souvent sportif. Aime l'exploit et a le goût du risque. Sexualité hyper-développée. Stratège. Impulsivité, violence.

en case 6 : désir de « défendre » les siens, sa famille, son clan, sa patrie. Personnalité engagée. Gestion du patrimoine. Esprit de justice développé. Beaucoup d'exigences. Signes extérieurs de richesse.

en case 7 : cultive le secret, le mystère. Analyse. Gains parfois occultes ou innatendus. Indifférence parfois à l'égard de la mort. Mort innatendue.

en case 8 : beaucoup d'énergie difficile à canaliser. Agressivité, dureté, parfois violence. Magnétisme. Désir de possession important. Accumulation de richesses. Matérialisme. Combativité.

en case 9 : acquisition à l'étranger. Développement important ou ambition internationale. Énergie ou moyens mis à la disposition pour la défense d'une cause. Désir d'accroître son patrimoine.

- **LE MODULATEUR 9 : le transpersonnel - l'humanisme**

en case 1 : personnalité généreuse et tournée vers les autres. Aime se mettre en valeur en public. Besoin de reconnaissance et envie de jouer un rôle dans la société. Naïveté dans certains cas...

en case 2 : grande sensibilité aux problèmes humains. Besoin de vivre un amour inconditionnel. Sentimental, romantique. Empathie. Absence de la mère parfois ou mère rêveuse. Amour à l'étranger. Peut se sacrifier pour l'autre.

en case 3 : naïveté, rêve d'un monde idéal. Esprit « bohème ». Attiré par la connaissance. Cherche à se cultiver. Important désir d'échanges et de communication.

en case 4 : besoin d'apporter une notion d'idéal dans l'activité. Besoin de calme. Économie partagée. Attrait pour le commerce équitable. Voyage professionnel. Dimension sociale dans l'activité.

en case 5 : esprit nomade. Refus de la sédentarité. Rêve de voyages et de grands espaces pour se sentir libre. Sans attache.

en case 6 : illusion dans le domaine affectif. Recherche de la symbiose. Besoin de se sentir utile et d'aider. Actions caritatives. Amour du prochain. Poésie. Sensibilité. Qualité d'hospitalité.

en case 7 : attrait pour le mystique, le religieux, l'irrationnel, l'ésotérisme. Voyageur de l'esprit, ils se sent parfois investit d'une mission. Vue universelle ou isolement.

en case 8 : besoin d'accomplir un idéal. Projets à dimension collective. Engagement, aide humanitaire. Gestion de budgets importants ou liés à une collectivité.

en case 9 : idéalisme et passion. Générosité et grande émotivité. Philanthropie. Parfois perte de conscience, détachement total de la réalité.

> « Le bavardage est l'écume de l'eau ;
> l'action est une goutte d'or. »
>
> Proverbe chinois
>
> (**référence au nombre 1** - Action)

SYNTHÈSE N° 2

Apports de la table d'inclusion.

Nous remarquons la présence importante du 4 dans les énergies à potentialités masculines : 1, 3 et 5 sont retardés ou freinés dans leur expression. Le natif y travaille ! Ce sont des énergies qui ont besoin d'un cadre pour s'exprimer. Le sujet était semble-t-il souvent sous contrôle dans ces domaines même si cela n'était pas dévoilé ouvertement et publiquement. Rappelez-vous que nous essayons de faire abstraction de l'image du personnage public véhiculée par les médias. Notons également l'intensité nulle du 4 (0 en case 4) qui indique un complexe de culpabilité et précise que Jacques CHIRAC avait un soucis de respectabilité, le sens de l'honneur et du travail bien fait (il cherchait à combler le vide de la case 4). Il avait la volonté de se montrer compétent pour ne pas être soumis à la critique. La culpabilité touchait également les domaines du 1 (culpabilité liée au père), du 3 (culpabilité liée à un frère, une sœur ou un enfant) et du 5 (culpabilité liée éventuellement à la sexualité) puisque nous y retrouvons le modualteur 4 (en intensité nulle) sur chacune de ces cases. Les causes précises restent à déterminer et je ne m' engagerais pas dans cette analyse en raison des limites imposées par ce livre. L'absence de 2 nous précise qu'il avait besoin d'être aimé et le 6 qu'il avait vécu une blessure narcissique, d'où un besoin compensatoire de valorisation. L'intensité nulle du 2 et du 6 incline à des difficultés dans le domaine affectif et familial ou à un manque d'engagement sur ces plans. Le 2 en IN (intensité nulle) nous confirme également qu'il s'accomodait mal de toutes associations ou partenariats, ce que nous avons par ailleurs déjà constaté par la présence du 5 en nombre de structure (indépendance, besoin d'espace et de liberté). Le modulateur 2 en case 8 indique qu'il pouvait être soumis à des émotions fortes et des crises (8) en rapport avec des partenariats ou des collaborations (2). Le 7 en intensité nulle l'a poussé à se perfectionner pour compenser un sentiment d'infériorité. Il n'a eu de cesse d'élargir le champ de ses connaissances. Notez que les complexes personnels mettent en place des mécanismes compensatoires le plus souvent inconscients et sont liés majoritairement à des expériences infantiles, laissant peu de souvenirs précis. Par conséquent et du fait de la mise en place, par le Moi, de ces mécanismes qui visent à palier un « déficit », les complexes ne sont que très rarement apparents socialement. Pour terminer, le modulateur 3 en case 9 indique un besoin d'ouverture sur le monde et souligne l'importance de l'expression au sein de groupes, de l'influence et du goût des relations publiques.

> **« Ceux qui aiment la paix doivent apprendre à s'organiser aussi efficacement que ceux qui aiment la guerre. »**
>
> Martin Luther King
>
> (**référence aux nombres 9 et 8** – Paix - Guerre)

SYNTHÈSE N° 3

Synthèse 1 + synthèse 2.

Nous notons ici, en quelques phrases, une impression générale sur les grandes lignes dégagées par les deux premières synthèses. Chacun retiendra ce qui lui parle le plus. Chaque numérologue a sa sensibilité et sa propre perception. C'est pourquoi vous pourriez ne pas aboutir avec précision au même constat. Cependant, on doit y trouver l'essentiel. Cela sera complété par d'autres éléments à venir.

Pour ma part je retiens que Jacques CHIRAC était un homme soucieux de préserver une liberté qu'il savait ou était contraint de modérér. Il n'était pas disposé à d'étroites collaborations. Bien qu'attaché à certaines valeurs et traditions il savait s'en détacher et apporter du « neuf ». C'était un homme de progrès qui savait s'adapter. Son besoin de s'émanciper et de sortir des cadres était évident. Sa ligne de conduite était toutefois clair (4 sur case 1) et il était soucieux de bien faire. Il se présentait comme quelqu'un de stable et savait faire preuve de fermeté. Il était, malgré cela, ouvert à l'échange, au dialogue et sur le monde en général.

Prenez le temps de la réflexion avant toute tentative de synthèse et n'affirmez rien sans certitude . Ne vous aventurez pas dans des explications floues ou des propos incertains. Faites le tri et n'avancez que ce qui apparaît de manière franchement évidente.

ÉTAPE N°6

LE NOMBRE ACTIF

Le nombre actif se trouve en additionnant la valeur de toutes les lettres de tous les prénoms. Cette façon de le calculer est propre à la méthode Maïa, développée par Wilfrid Pochat dans son livre « La numérologie dévoilée » paru aux éditions Ambres. L'ayant adoptée et intégrée dans ma pratique, je me permets ici de la reprendre, et, par la même occasion, d'en montrer la pertinence à ceux qui ne la connaissent pas encore. La différence, en ce qui nous concerne, se situe dans l'utilisation de la valeur non réduite des lettres. Cela a son importance, en particulier dans la détermination d'un éventuel Maître-nombre et dans l'évaluation du sous-nombre.

Le nombre actif représente l'énergie première d'un individu, celle qu'il met en avant et qu'il projette personnellement. Elle est souvent très apparente. Wilfrid Pochat la désigne comme une composante très personnelle de l'énergie du natif. Voyons à présent ce que cela apporte au profil de Jacques CHIRAC.

CALCUL DU NOMBRE ACTIF

pour Jacques CHIRAC :

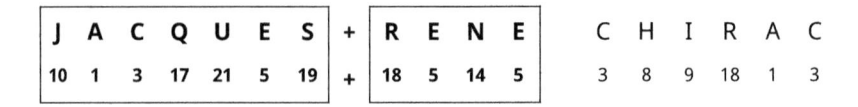

J	A	C	Q	U	E	S	+	R	E	N	E		C	H	I	R	A	C
10	1	3	17	21	5	19	+	18	5	14	5		3	8	9	18	1	3

Nous obtenons donc :

(10+1+3+17+21+5+19) + (18+5+14+5) = **76 + 42 = 118 = 10 = 1**.

La valeur du nombre actif est donc **118/10/1**.

Notez la succession des chiffres 1 et 8 dans le sous-nombre qui donne une impression de force, d'énergie, de combativité et qui entrent en synergie avec l'activité du 1 final.

INTERPRÉTATION DU NOMBRE ACTIF

Actif 1 : égo développé. Le sujet apporte dynamisme, activité, assurance, courage, ambition, initiative, inventivité, impulsion, détermination, compétition, leadership, autorité mais aussi potentiellement nervosité, opportunisme, impatience, égoïsme et domination. Besoin de mener, de décider, de conduire. Désir de faire passer ses intérêts avant ceux d'autrui.

Actif 2 : le sujet apporte sociabilité, diplomatie, tolérance, équilibre, calme, disponibilité, application, émotivité et sensibilité mais aussi potentiellement apathie, manque d'énergie, lenteur, passivité, paresse. A besoin de soutien ou aime soutenir, seconder. Tranquillité. Tendance à « vampiriser » ou à s'appuyer sur l'énergie des autres. Reste parfois dans l'ombre et les rôles de second. Tendance à l'effacement et à l'opposition passive. Peut-être dépendant.

Actif 3 : le sujet apporte enthousiasme, facultés animatrices, intelligence, originalité, extraversion, créativité, spontanéité, dynamisme, entrain, curiosité et sociabilité mais aussi potentiellement colère, dispersion, étourderie, orgueil et sentiment de supériorité. Besoin d'orienter son énergie vers ce qui procure le plaisir. Sait s'engager dans plusieurs directions à la fois. Personnalité démonstrative le plus souvent.

Actif 4 : le sujet apporte sérieux, patience, persévérence organisation, prévoyance, pragmatisme et précision mais aussi potentiellement inquiétude, routine, lenteur, rigidité ou sens du devoir excessif conduisant aux servitudes. Parfois perte de temps avec des détails insignifiants. Laborieux si 4 en excès. Besoin de temps pour se lancer dans l'action. Faible réactivité. Besoin de respectabilité et désir de fiabilié.

Actif 5 : le sujet apporte dynamisme, mobilité, adaptabilité, curiosité, vivacité, réactivité, souplesse, ainsi qu'un grand besoin d'indépendance, de liberté et de sortir des cadres. Il peut être potentiellement impulsif, nerveux, instable, fugitif et se détourner ou tourner les choses en dérision. Il n'apprécie pas la monotonie. Besoin d'expériences variées, de projets à court terme et de cassures de rythme. Volontiers séducteur, charmeur.

Actif 6 : le sujet apporte conciliation, équilibre, harmonie, responsabilité, douceur, confort, esthétisme, sens du service, énergie protectrice et générosité mais aussi potentiellement indécision, manque de rigueur, d'entrain, sentimentalité exacerbée, subjectivité et complaisance. Pratique parfois l'assistanat parcequ'il a besoin de se rendre indispensable. Aime décider pour les autres. Besoin d'aimer pour agir. Insatisfait.

Actif 7 : alternance possible entre dynamisme et repli. Le nombre de structure est à considérer pour l'interprétation la plus juste. Le sujet apporte, par son caractère passionné, de l'intensité mais aussi de l'observation, de l'analyse, de l'intuition. Il réclame une grande indépendance pour lui permettre d'exprimer son originalité. Il cultive la différence et une philosophie très personnelle.

Il a besoin de solitude dans certains cas. Besoin d'une entière liberté dans les activités. Parfois, longue réflexion avant l'action. Caractère parfois révolté, désintéressé ou éloigné du quotidien. Perfectionniste, il n'aime pas déléguer. Refus de l'autorité d'autrui. N'aime pas être mené ou que l'on intervienne dans ses affaires. Aptitude aux progrès. Besoin d'apporter des solutions originales et innovantes.

Actif 8 : le sujet apporte énergie, courage, ambition, lutte, force, volonté, puissance, autorité, audace, besoin de maîtrise mais aussi potentiellement entêtement, dureté, rancune, agressivité, impulsivité, domination, irritabilité, arrivisme. Il a un sens pratique développé et s'intéresse souvent au monde des affaires. Sexualité souvent forte. Il n'aime pas être entravé dans ses désirs et exprime souvent sa volonté sur un mode coléreux. Rarement fatigué. Souvent sportif.

Actif 9 : le sujet apporte ouverture, compréhension, dévouement, partage, altruisme, idéalisme mais aussi potentiellement crédulité, tendances oblatives, sacrifice. Besoin de mutualiser les énergies, de fédérer pour défendre des valeurs collectives ou une cause commune. Tendance à un investissement passionnel. L'activité est sous-tendue par un idéal. Aime donner l'exemple. Parfois, narcotisation (mécanisme de défense qui consiste à se réfugier dans la télé, les jeux, le sommeil, les sucreries, les distractions, les drogues, à s'évader pour échapper à la réalité).

Actif 11 : le sujet apporte force, vivacité, affirmation, courage, ascendance et nervosité. Il ne souhaite pas décevoir par orgueil. Ambition et soucis d'efficacité. « Super aidant », il est celui qui peut montrer le chemin.

Actif 22 : le sujet apporte combativité, détermination, volonté, fierté, conviction, autodiscipline, sens du devoir. Éxigences de qualité. Ténacité, résistance.

Actif 33 : le sujet apporte l'énergie du coeur. Il est disposé à aider son prochain ou à jouer au sauveur. Il est responsable et sensible à la souffrance humaine. Désir important d'améliorer le monde qui l'entoure. Idéalisme, fraternité, compassion et tolérance.

Précisons que dans le cas de la présence d'un seul prénom dans l'état civil, celui-ci fait office de nombre actif.

Pour Jacques CHIRAC :

son nombre actif était donc le 1. Sans surprise, cela devait arriver ! C'est un nombre que vous attendiez certainement !
En relation avec les éléments déjà étudiés, on peut dire que Jacques CHIRAC était un personnage dynamique, déterminé et qu'il avait sans doute développé un esprit de compétition important. Il avait besoin de mener, de conduire et de donner l'impulsion nécessaire à l'avancement de ses projets. Le 1 du nombre actif et le 5 du nombre de structure ont des qualités communes qui viennent donc se renforcer : activité, liberté et indépendance. Ils ont aussi des « défauts » communs qu'il ne faut pas négliger dans l'interprétation générale : impatience et opportunisme.

Les propriétés communes des nombres ou ce que j'appelle « les nombres agonistes » seront étudiés à l'étape 22, page 229.

Notez au passage la similitude des éléments dominants du 1 et du 5 : l'Air qui génère la vivacité et le Feu qui donne l'impulsion et l'élan aux projets.

SYNTHÈSE N° 4

Intégration du nombre actif 1.

Sans faire l'impasse sur ce que nous avons pu apprendre précédemment, le nombre actif 1 apporte beaucoup d'assurance à Jacques CHIRAC et confirme son besoin d'aller de l'avant, de mener, de diriger fermement, sans toutefois, tomber dans les excès d'une tendance dominatrice. C'était une personne prompt à saisir les opportunités. Il pouvait lui arriver de montrer des signes d'impatience tant son besoin d'agir était impératif. Mais cela sans démesure car nous savons qu'il était apte à se tempérer. Avec le 1, son besoin d'indépendance et d'affirmation personnelle sont fortement confirmés et apparaissent maintenant de manière évidente. Il avait besoin d'agir, d'innover, de se montrer performant tout en gardant une grande liberté de mouvement. C'était une personnalité forte et ambitieuse.

« **Insensé est celui qui croit que son ascension n'aura jamais de fin.** »

Proverbe chinois

(**référence au nombre 8** - Ambition)

EFFECTUONS UN PREMIER BILAN

Nous savons maintenant que Jacques CHIRAC avait des besoins fondamentaux de type 5, qu'il privilégiait un mode d'affirmation 4 tout en déployant une énergie de type 1.

Nous retrouvons ces données dans le tableau suivant :

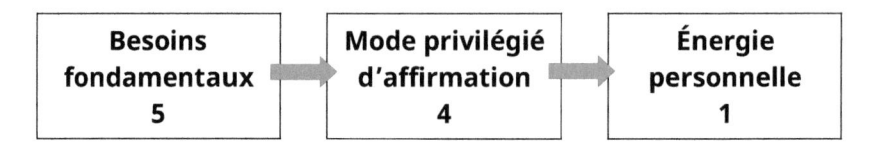

Besoins fondamentaux 5	Mode privilégié d'affirmation 4	Énergie personnelle 1

Cela nous permet de conclure que Jacques CHIRAC :

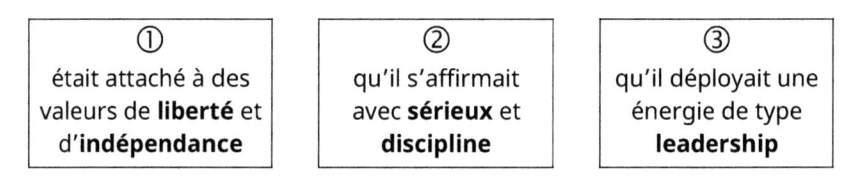

① était attaché à des valeurs de **liberté** et d'**indépendance**	② qu'il s'affirmait avec **sérieux** et **discipline**	③ qu'il déployait une énergie de type **leadership**

Ce petit exercice a pour avantage de remettre au clair les idées et de ne pas nous éloigner de l'essentiel. Bien-sûr vous pouvez utiliser d'autres mots clés pour l'enrichir. On voit clairement un type de personnalité se dessiner, même s'il manque encore des éléments d'analyse. Réalisez cet exercice avec des personnes qui vous sont proches ou des personnalités connues du grand public.

Rappelez-vous que le nombre de structure sert de base et donne le ton à chaque analyse. C'est le point de départ de toute réflexion.

> Avez-vous réalisé les calculs de Diana Frances Spencer ?
> Faites ce premier bilan très révélateur. Qu'en concluez-vous ?

ÉTAPE N°7

LE NOMBRE PIVOT

Le nombre pivot ou nombre « signature » pourrait à lui seul résumer la personnalité du sujet dans ce qu'elle a de plus apparent. C'est l'impression générale qu'une personne peut donner, ce qui s'en dégage prioritairement. C'est un peu comme une signature en fin de page. Elle attire notre attention et souvent le scripteur s'y révèle, se libère plus qu'à travers les nombreuses lignes qui la précèdent. Le nombre pivot synthétise la personnalité mais il est bon, pour cela, de faire usage du sous-nombre pour sa parfaite maîtrise, comme je vous en fait la démonstration en début d'ouvrage avec le général de Gaulle (page 61). Voyez en quoi ce nombre attire votre attention et si cela va dans le sens de l'analyse déjà réalisée. C'est un point à ne surtout pas négliger.

CALCUL DU NOMBRE PIVOT

Nous prenons en compte les initiales de tous les prénoms ainsi que celle du nom.

Pour **J**acques **R**ené **C**HIRAC : nous obtenons : 10 + 18 + 3 = 31 = **4**.

Le nombre pivot de Jacques CHIRAC est 31/**4**.

Dans le cas d'un prénom composé comme dans **J**ean-**F**rançois **D**upont prenez J + F + D = 10 + 6 + 4 = 20/**2**.

INTERPRÉTATION DU NOMBRE PIVOT

Comme toujours, ces définitions sont à intégrer et à moduler en fonction des autres éléments du thème. Elles ne s'appliquent pas telles qu'elles sont présentées. Ce ne sont que des pistes, des clés d'interprétation.

Pivot 1 : aime ou aimerait prendre la direction des choses et décider. Ramène souvent tout à lui. Centré sur lui-même, il défend ses intérêts. Il veut gagner ou avoir raison. Parfois personnage indépendant ou solitaire qui fait passer ses besoins avant ceux des autres.

Pivot 2 : aime aider ou conseiller. Amabilité, gentillesse. Sens de l'accueil. Compte parfois trop sur les autres. Se soumet souvent à l'opinion des autres ou est influençable. Sensibilité, émotion, dépendance affective.

Pivot 3 : parle beaucoup. Animateur. Tendance à s'éparpiller dans l'action et à perdre son temps. Aime se montrer enthousiaste et optimiste. Joueur, charmeur. Aime apporter des idées originales.

Pivot 4 : aime se montrer fiable et vecteur de sécurité. Aime rassurer. Cherche à garder l'équilibre. Craint l'erreur. N'aime pas être critiqué ou jugé. Parfois inflexibilité.

Pivot 5 : cherche à préserver sa liberté. Contourne les obstacles, s'adapte ou fuit. Ne respecte pas toujours les règles. Vit sa vie. Part dans toutes les directions, a du mal à se fixer.

Pivot 6 : assume ses responsabilités et protège les siens, sa famille, son clan. Cherche à harmoniser. Personnage souvent indécis, qui a du mal à faire des choix. Aime embellir, enjoliver. Gentillesse. Parfois, personnage insatisfait et à l'affût de l'imperfection.

Pivot 7 : réflexion, intériorité, retrait. Observateur, distant. Cherche à défendre ses idées en prenant son temps, en attendant le meilleur moment. Garde le silence parfois. Aime éveiller les consciences, faire connaître la vérité de manière très subtile parfois. Aime apporter ses connaissances ou son expertise en cas de besoin. Personnage souvent non conventionnel, parfois en marge ou différent.

Pivot 8 : aime l'action concrète. Il cherche à garder un certain pouvoir et le contrôle de sa vie. Fait souvent preuve d'aplomb. N'aime pas être dominé ou avoir la sensation d'être manipulé. Esprit parfois vengeur, justicier. Opiniâtre voire têtu. Indocilité.

Pivot 9 : philanthrope. Fait souvent preuve d'abnégation. Prend en considération les besoins d'autrui. Reste ouvert aux idées qui s'inscrivent dans l'intérêt général. Besoin d'évasion, d'élargir ses horizons. Intérêt pour la connaissance. Caractère passionné. Souvent rêveur, il souhaite atteindre un idéal.

Pivot 11 : commandement, nervosité, tension intérieure, rapidité, manque de patience. Difficultés relationnelles. Émotions fortes. Intuition. Désir prendre l'ascendant. Fragilités. Voir aussi le 2.

Pivot 22 : beaucoup d'énergie et besoin de concrétiser des projets d'envergure. Voir aussi le 4.

Nous pouvons maintenant ajouter un nouvel élément à notre tableau de synthèse :

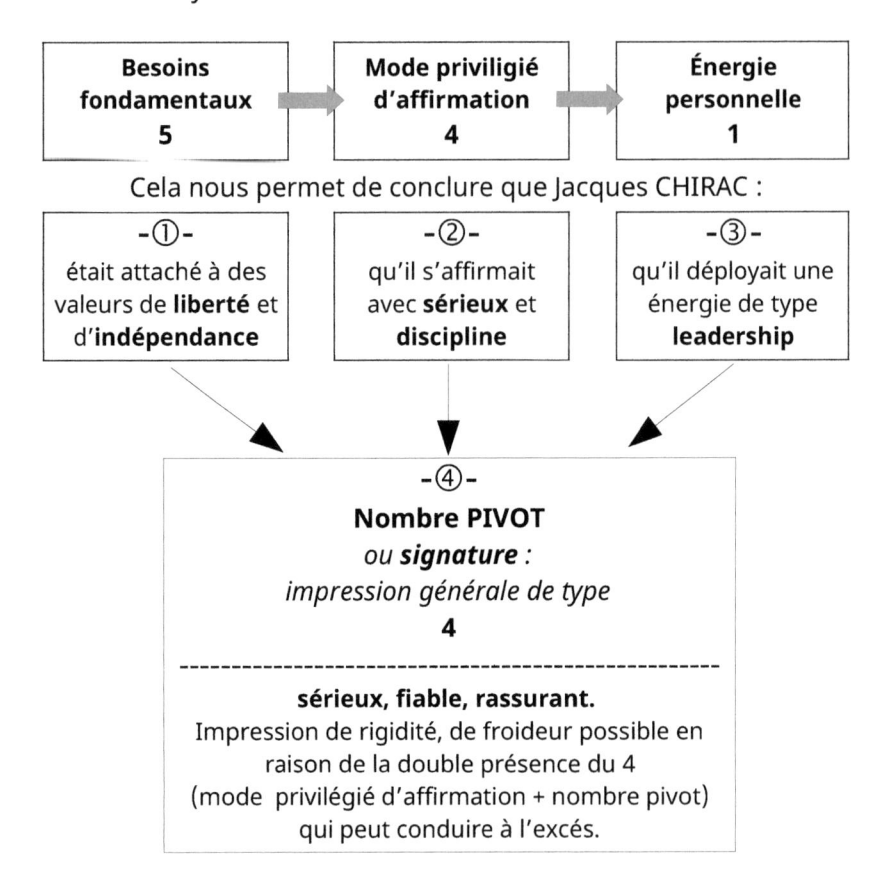

| Besoins fondamentaux **5** | ⟹ | Mode priviligié d'affirmation **4** | ⟹ | Énergie personnelle **1** |

Cela nous permet de conclure que Jacques CHIRAC :

| -①- était attaché à des valeurs de **liberté** et d'**indépendance** | -②- qu'il s'affirmait avec **sérieux** et **discipline** | -③- qu'il déployait une énergie de type **leadership** |

-④-
Nombre PIVOT
ou signature :
impression générale de type
4

----

sérieux, fiable, rassurant.
Impression de rigidité, de froideur possible en raison de la double présence du 4
(mode privilégié d'affirmation + nombre pivot)
qui peut conduire à l'excès.

Je ne fais pas de synthèse ici. Je pense que le tableau est assez explicite. Réalisez pour vous-même ces quelques calculs et disposez les nombres de cette manière en tentant de faire le lien entre eux. Quels points communs ont-ils, vers quels types de mots clés convergent-ils ou au contraire en quoi s'opposent-ils ? La méthode est fiable et permet de saisir rapidement les grandes lignes d'une personnalité.

ÉTAPE N°8

LE NOMBRE DE MOTIVATION

Le nombre de motivation, comme son nom l'indique, désigne les besoins motivationnels du natif. Il a par conséquent un impact sur l'origine de nos actions et précise les leviers qu'ils nous faut activer. Il représente aussi, d'une certaine manière, les espoirs, les vœux et la sensibilité intérieure du sujet. Certains numérologues nomment ce nombre « l'impulsion de l'âme ».

CALCUL DU NOMBRE DE MOTIVATION

Le nombre de motivation s'obtient en additionnant la valeur non réduite des voyelles de tous les prénoms et nom déclarés à la naissance.

Pour Jacques CHIRAC :

J	A	C	Q	U	E	S	+	R	E	N	E	+	C	H	I	R	A	C
10	**1**	3	17	**21**	**5**	19	+	18	**5**	14	**5**	+	3	8	**9**	18	**1**	3

Nous obtenons :

(1+21+5) + (5+5) + (9+1) = 27 + 10 +10 = **47 = 4 + 7 = 11**.

Le nombre de motivation de Jacques CHIRAC est **47/11**.

Un nombre qui interpelle sur le désir de prendre l'ascendant, de dominer, de représenter une autorité ou d'imposer ses idéaux. 4

et 7 en sous-nombres signalent le désir de structurer la pensée et avec le 11, d'imposer des règles, des cadres (interaction entre le 4 et le 11) et de réformer, d'innover (interaction entre le 7 et le 11).

INTERPRÉTATION DU NOMBRE DE MOTIVATION

Motivation 1 : le sujet à un grand besoin d'exister et d'être reconnu. Il souhaite généralement s'affirmer pour valoriser son égo. Il a besoin d'un statut social, d'éloges et d'honneurs. L'esprit d'entreprise est souvent présent. Il est en quête de réussite. Il aspire à une certaine indépendance et supporte difficilement la contradiction et les obstacles. Il est motivé lorsqu'il peut décider et se mettre en valeur. L'ambition est son moteur. Attention à l'orgueil et à l'impatience.

Motivation 2 : le sujet souhaite vivre une communion avec l'autre. Il a besoin d'une présence, de réaliser l'union de manière paisible. Il a besoin d'être aimé et s'épanouit généralement dans un cadre chaleureux. Il aspire à l'amitié, la tendresse et une certaine tranquillité. Il apprécie être abordé avec tact, en respectant sa sensibilité intérieure. Il a un besoin important de reconnaissance de la mère et est dépendant de l'affection qu'on lui témoigne. Il est motivé lorsqu'il est accompagné ou lorsqu'il peut lui-même accompagner, soutenir et faire preuve de bienveillance. Il peut souffrir lorsqu'il se sent incompris, rejeté ou en désaccord. Besoin d'encouragement fréquent. Forte émotivité.

Motivation 3 : le sujet souhaite s'exprimer et aspire à une vie faite de plaisirs, de créativité, de légèreté, d'insouciance parfois et d'amitié. Il aime se divertir et a besoin qu'on le regarde. Il aime être dans la lumière et se faire apprécier. Il aime aussi la bonne humeur et les ambiances conviviales. Il est motivé lorsqu'il se trouve dans un environnement dynamique et enthousiaste. Il a besoin de gratifications et de reconnaissance. Il cherche à prendre du plaisir, c'est un amoureux de la vie. Imagination parfois débordante. Intérêt pour les enfants parfois. Esprit souvent critique et potentielle tendance à la superficialité relationnelle. Il peut se montrer frivole.

Motivation 4 : personnalité qui aspire à la stabilité et une certaine quiétude. Il aime organiser et construire durablement. Il ne cherche donc pas à multiplier les expériences qui remettraient ces habitudes en question. C'est un personnage souvent sur la réserve qui protège son intimité. Peu démonstratif, il ne s'étale généralement pas sur sa vie privée. Il aime se cultiver et analyser. Il est souvent érudit et conservateur. Il est motivé lorsqu'il se trouve dans une ambiance sérieuse et dans laquelle il saura trouver sa place. Besoin de normes, de conformité. Dans ses relations, il est méfiant et scrute les indices de confiance. Il a besoin d'un environnement fiable. Parfois borné, entêté. Peu de précipitation, ni de spontanéité chez ce sujet. Ajournement concernant l'amusement et les plaisirs. Il n'aime pas prendre de risque et peut se noyer dans les détails.

Motivation 5 : aspiration à l'aventure et aux changements. C'est un être épris de liberté qui cherche avant tout à éviter les chaînes et les liens étouffants. Il a besoin de diversité et d'expériences multiples. L'inconnu l'attire. Grande curiosité. Centres d'intérêts variés, ouverture. Il est motivé par le caractère nouveau d'une expérience et par les plaisirs qu'elle lui procure. Insouciance et mouvement sont indispensables à la vie du sujet. Routine et monotonie sont donc à éviter. Les cadres, les restrictions le désolent, le minent. Il ne va pas toujours au bout des choses. Il peut angoisser lorsqu'il est entravé dans sa liberté ou privé de son espace personnel. Indépendance impérative.

Motivation 6 : personnage en recherche d'harmonie, d'équilibre et d'affinités diverses. Il a besoin de savoir qu'il plaît et porte souvent une attention particulière à son image, à sa façon de se présenter aux autres, à sa manière de s'habiller. Il a un besoin impératif d'amour. Il est capable de trop en faire pour satisfaire ce besoin de reconnaissance. Il aime protéger et être protégé. Il apprécie les ambiances intimistes et raffinées. C'est un être sensuel, affectif et émotif qui se laisse guider par les élans du cœur. Il est souvent d'une nature dévouée car il est sensible aux besoins des autres. Il a besoin d'une atmosphère familiale confortable ou plus largement d'un clan qui correspond à ses valeurs et ses critères d'harmonie. Il ne sait pas toujours faire preuve de concession sur le plan de la vie privée.

Motivation 7 : aspire à une vie indépendante à la limite parfois d'une certaine marginalité. Dans son for intérieur, il a besoin de paix et de silence. Sa vie intérieure est riche. Il aspire à se connaître, se comprendre. Il est adepte de l'auto-analyse. Dans l'intimité, il se livre peu, il se montre secret, mystérieux. Il est discret sur lui-même et peut avoir tendance à s'isoler. Il est souvent énigmatique et difficile à comprendre. La nature l'attire souvent. C'est un être sélectif qui préfère souvent vivre seul. Très perspicace, il est souvent doué pour la psychologie. Il est motivé s'il se trouve dans un endroit calme et s'il peut exprimer son orignalité. Il est en quête de valeurs intellectuelles et spirituelles. Parfois, c'est l'indice d'un esprit révolté, contestataire.

Motivation 8 : c'est une personne qui aspire à pouvoir prendre sa vie en main et à décider de son orientation. Elle souhaitera au cours de sa vie améliorer sa condition matérielle. Elle sera aidée sur ce plan et sera amenée à le faire à son tour. Elle aime les choses concrètes. Elle fera preuve d'une grande combativité face aux épreuves de la vie. Elle est intérieurement forte. Son courage , sa force intérieure incline au respect. Elle aime parfois dominer et elle est souvent perçu comme un être volontaire autoritaire et têtu. Caractère d'opposition fréquent. Exigences envers l'entourage. Parfois, rancune et intolérance.

Motivation 9 : désir vivre un idéal ou une vocation. Il aime transmettre, instruire et sa générosité ne fait généralement aucun doute. Intérieurement, il rêve d'un monde idéal. C'est un personnage souvent compatissant et tolérant. Il est sensible et parfois hyperémotif. Son attention se concentre souvent en dehors de lui-même. Il s'oublie et a tendance à se donner par naïveté. Il est motivé par les projets à valeur humaine ou qui reflètent un idéal. Il apprécie les grands espaces. C'est un être plein d'espoir qui croit en ses rêves et en l'amour inconditionnel. Il a la volonté de se sortir des situations difficiles. Parfois, il recherche la popularité. Servir les autres est souvent le moteur de sa vie. Il est régulièrement sujet à la déception. L'enfermement et les univers étriqués (espace, culture, valeurs...) sont à éviter. Parfois, il se dévoue envers les plus vulnérables. Grande sensibilité.

Motivation 11 : grande force intérieure et important besoin de reconnaissance (double 1). Le sujet souhaite diriger, prendre l'ascendant et dégage un certain charisme. Il a une vision très personnelle des choses et se plie avec difficulté aux exigences des autres. Tendance possible à la domination. Aspire à la réalisation de ses ideaux. Souvent visionnaire et intuitif. Tension nerveuse fréquente. Parfois dépressif.

Motivation 22 : désir réaliser des projets d'envergure. Il est très attiré par la réussite. Il se fixe des objectifs puissants. Parfois tendance à la mégalomanie. Attirance possible pour la politique et les idéologies. Tension nerveuse, angoisse.

Motivation 33 : compassion et universalité. Le sujet souhaite participer aux bien-être de ses semblables et souhaite atténuer avec ses moyens les souffrances humaines.

***

Comme pour le nombre de structure nous allons faire appel à un autre nombre dans l'interprétation du nombre de motivation :

LE NOMBRE D'IMPULSION DE LA MOTIVATION

Pour obtenir le nombre d'impulsion de la motivation nous additionnons la valeur non réduite des voyelles du 1er prénom avec la valeur des voyelles non réduite du second prénom. Pour notre exemple :

J	**A**	C	Q	**U**	**E**	S	+	R	**E**	N	**E**	C	H	I	R	A	C
10	**1**	3	17	**21**	**5**	19	+	18	**5**	14	**5**	3	8	9	18	1	3

Nous obtenons :

1 + 21 + 5 + 5 + 5 = **37** = **10** = **1**.

Le nombre d'impulsion de la motivation de Jacques CHIRAC est **37/10/1**.

INTERPRÉTATION DU NOMBRE D'IMPULSION DE LA MOTIVATION

Impulsion 1 : réussir et éviter l'échec.

Impulsion 2 : soutenir et éviter le rejet.

Impulsion 3 : s'exprimer et éviter la souffrance.

Impulsion 4 : trouver des repères et éviter la trahison.

Impulsion 5 : découvrir et éviter l'enfermement.

Impulsion 6 : s'engager et éviter le conflit.

Impulsion 7 : être reconnu pour sa différence, éviter l'intrusion.

Impulsion 8 : être fort et éviter la faiblesse.

Impulsion 9 : transmettre, se réaliser et éviter d'être inutile.

Pour Jacques CHIRAC :

Rien d'étonnant à l'apparition de ce Maître-nombre dans l'analyse de Jacques CHIRAC. Le nombre de motivation 11 apporte du dynamisme et de fortes aspirations à la réussite et à la reconnaissance personnelle. Cela confirme et renforce la volonté, l'esprit d'initiative et le leadership exprimé plus tôt par le nombre actif 1. Le nombre d'impulsion de la motivation 1 confirme nettement son besoin de réussir et d'éviter surtout l'échec. Il exacerbe et intensifie le nombre de motivation 11. En conséquence, il peut également générer d'importantes tensions mais aussi accentuer une tendance à l'autorité déjà très affirmée. Elle ne fait à présent plus aucun doute.

***

Le nombre d'impulsion de la motivation de Diana Frances Spencer était le 8… Quel était son nombre de motivation ?

ÉTAPE N°9

LE NOMBRE D'ÉVOLUTION

Le nombre d'évolution est aussi parfois appelé « réalisation du caractère ». Il est porteur d'indications sur le développement de la personnalité et donne des précisions sur les différents types d'actions qui seront favorables au sujet. Il révèle ce qui va forger la personnalité en début de vie. Il aide à la réalisation des objectifs qui vont dans le sens de l'énergie concernée. Le sujet sera, inévitablement, poussé par les événements à l'intégration de cette énergie. Il doit en faire une force. Ce nombre est essentiel et demande à être développé et vécu dans ses aspects les plus harmonieux.

CALCUL DU NOMBRE D'ÉVOLUTION

Le nombre d'évolution se trouve en additionnant le jour et le mois de naissance sans réduction préalable.

Pour Jacques CHIRAC né le 29 novembre 1932 :

nous obtenons 29 (jour) + 11 (mois) = **40 = 4**.

Le nombre d'évolution de Jacques CHIRAC est **40/4**.

***

Qu'en est-il de Diana Frances Spencer née le 1er juillet 1961 ?

INTERPRÉTATION DU NOMBRE D'ÉVOLUTION

Évolution 1 : personne qui doit décider, agir, être acteur de sa vie. Éviter les situations de soumission ou de passivité. Doit avant tout compter sur elle-même. Elle doit prendre conscience de sa capacité d'initiative et de la nécessité d'un positionnement personnel clair et fort.

Évolution 2 : personne qui doit accompagner et porter attention aux autres. Elle doit favoriser les alliances et le dialogue pour avancer sans forcer le destin. Elle doit prendre conscience de ses capacités d'écoute et de conseil. Elle doit aussi s'ouvrir elle-même au conseil et apprendre à se confier. Elle doit accepter d'avoir besoin d'aide.

Évolution 3 : personne qui doit exprimer sa part de créativité et éviter de rester dans une bulle. Communication et échanges sont des domaines à privilégier dans l'avancement personnel. Elle doit prendre conscience de sa capacité à créer des contacts et à s'exprimer avec spontanéité.

Évolution 4 : l'objectif consiste à construire avec régularité et respect des règles. Nécessité de travailler avec méthode. Besoin de créer une base sécurisante. Application au travail impérative. Cette personne doit prendre conscience de ses capacités à organiser et à travailler sur le long terme.

Évolution 5 : besoin de s'ouvrir à la nouveauté, aux changements et nécessité de s'adapter à l'inconnu. Éviter la routine. Favoriser les activités donnant accès à une grande liberté. Cette personne doit prendre conscience de sa capacité à développer sa mobilité et oser partir en terre inconnue.

Évolution 6 : objectif qui consiste à apporter l'harmonie et le bien-être dans sa vie. Capacités d'amour et de responsabilité à développer ou à équilibrer. Recherche d'une vie affective de qualité. Sens du beau à mettre en avant. Personne qui doit prendre conscience de sa capacité à se relaxer et à lâcher prise. Nécessité de trouver des sources de satisfaction.

Évolution 7 : besoin d'apprendre et de comprendre. Cette personne doit accepter et vivre sa différence. La conformité est à bannir. Le confiance en soi doit être développer. Besoin de s'enrichir intérieurement et de se perfectionner. Intérêt pour la connaissance de soi. Accepter les périodes de repli. Doit prendre conscience de sa capacité de discernement.

Évolution 8 : doit oser réaliser des projets ambitieux. À besoin de mettre son énergie dans des actions qui combattent l'injustice ou la violence. Besoin de mener sa vie de façon évolutive. Aptitude à la transformation personnelle. Activtés sportives à privilégier. Attrait parfois pour l'occulte, la mort. Cette personne doit prendre conscience de sa puissance et du pouvoir de transformation et d'évolution qu'elle détient sur sa vie.

Évolution 9 : besoin de participer à la création d'un monde meilleur en apportant de la sensibilité, le sens de l'humain et du collectif. Compréhension et compassion sont des valeurs indispensables à la progression du natif. Nécessité d'un détachement. Cette personne doit prendre conscience de sa capacité à s'ouvrir et à transmettre.

Évolution 11 : besoin de se surpasser et d'apporter une dimension collective et humaniste à ses projets. Nécessité de s'ouvrir à une démarche spirituelle, à une pensée ou une créativité inspirée. Doit prendre conscience de sa capacité à développer son intuition.

Évolution 22 : nécessité de s'investir dans la réalisation de projets importants (à situer dans le contexte de la personne étudiée) et/ou utiles à la collectivité. Doit prendre conscience de la portée sociale de ses ambitions.

Évolution 33 : se rêve parfois en serviteur ou en sauveur de l'humanité. Grandes ambitions. Doit prendre conscience de sa capacité à guider.

Pour Jacques CHIRAC :

ici, nous avons pour le sujet, l'obligation de mûrir (4) pour structurer (4) sa vie. Importance des cadres et forte influence du père (4 dans le domaine du 1 – voir table d'inclusion). Le 4 (le père sans doute) oblige à une certaine discipline. Les limitations et les frustrations peuvent être nombreuses en début de vie. Remise en question (avec le zéro de 40) des modes éducatifs, des structures et du schéma paternel (le 4).

SYNTHÈSE N° 5

Nombre de motivation 11 + nombre d'évolution 4.

Jacques CHIRAC était sans surprise un homme ambitieux et dont les aspirations étaient élevées. Il avait le désir ardent de guider et de partager ses idéaux. Il voyait les choses à grande échelle et voulait réussir à un niveau supérieur. Dans ses rapports avec les autres, il pouvait avoir tendance à vouloir imposer ses vues et ses idées. Il pouvait également, tout en l'ignorant, être guidé par l'intuition. Le nombre d'impulsion de la motivation nous indique qu'il souhaitait éviter l'échec ce qui lui apportait donc une motivation supplémentaire en terme de réussite. Son nombre d'évolution 4 l'a poussé à l'ordre, la méthode et la discipline. Qualités qui semblent émaner de son père. Il a développé, par la force des choses, un côté assidu, obstiné, opiniâtre, discipliné et solide. Ce sont les choses fiables, éprouvées qui ont fait resonnance en lui. Qu'en concluons-nous ? Jacques CHIRAC était un homme désireux de s'imposer mais qui a dû intégrer, pour satisfaire ses aspirations, les valeurs du travail, du devoir, de la patience et de la rigueur. Jacques CHIRAC a pu se sentir, à certaines périodes, limité dans ses entreprises et ses initiatives car le 4 freine, limite et tempère toujours un peu les ardeurs mais permet en contrepartie de structurer et de construire durablement. Nous verrons plus loin qu'il avait un défi 4. On peut légitimement se poser la question de l'emprise du père sur les choix d'orientation et l'évolution de Jacques CHIRAC.

ÉTAPE N° 10

LE NOMBRE D'HÉRÉDITÉ

Le nombre d'hérédité représente une sorte de mémoire familiale dans laquelle se sont glissées certaines valeurs, certains schémas ou traits de caractère d'ascendants, qui se perpétuent de génération en génération. Il représente aussi les racines et le milieu d'origine. Ainsi, chacun est sous l'influence plus ou moins consciente de ce qu'on appelle les conditionnements familiaux et qui constituent parfois même, de véritables injonctions. Ils font souvent références au « drivers » ou « mots d'ordre » que j'aborde en fin d'ouvrage.

CALCUL DU NOMBRE D'HÉRÉDITÉ

Le nombre d'hérédité se trouve en additionnant la valeur non réduite du total des lettres du nom de famille. Pour Jacques CHIRAC nous obtenons :

J	A	C	Q	U	E	S		R	E	N	E		**C**	**H**	**I**	**R**	**A**	**C**
10	1	3	17	21	5	19		18	5	14	5		**3**	**8**	**9**	**18**	**1**	**3**

3 + 8 + 9 + 18 + 1 + 3 = **42** = 4 + 2 = **6**

Le nombre d'hérédité de Jacques CHIRAC est **42/6**.

INTERPRÉTATION DU NOMBRE D'HÉRÉDITÉ

Pour l'interprétation du nombre d'hérédité, prenez en compte le modulateur de la case correspondante ainsi que le report éventuel de ce nombre sur d'autres cases de l'inclusion.
Appliquez ce principe, chaque fois que vous interprétez un nombre du thème. Ces données supplémentaires permettent de préciser et d'enrichir les pistes d'interprétation. Retenez que tous les éléments du thème sont plus ou moins liés entre eux. C'est ce qui fait le caractère unique de chaque analyse.

Jacques CHIRAC avait un nombre d'hérédité **6.**

Son inclusion était la suivante :

1	2	3	4	5	6	7	8	9
4	0	4	0	4	0	0	2	3

La case 6 est en intensité nulle. Il convient d'utiliser cette information dans l'interprétation. Référez-vous aux définitions des nombres manquants et évaluez les cas de figures possibles. Il n'y a aucun report du 6 sur les autres cases de l'inclusion.

Pour Jacques CHIRAC :

famille ou milieu exigeant qui peut avoir des difficultés à faire des concessions ou à faire preuve de tolérance, d'acceptation. Ascendants perfectionnistes, peu conciliants et parfois narcissiques. Ils peuvent aimer décider pour les autres. Possible disharmonie dans la sphère familiale. Démonstrations affectives rares.

Hérédité 1 : environnement qui peut tenter d'imposer sa volonté au sujet. Ascendants autoritaires, orgueilleux parfois. Milieu qui peut aimer le prestige. L'hérédité peut aider à la réussite du sujet et à son évolution personnelle. Désir ardent de construire son propre foyer. Parfois maison fastueuse (ou désir de...). Besoin de réussir socialement. Courage, assurance.

Hérédité 2 : attachement à la famille et au milieu d'origine. Nostalgie. Parfois liens excessifs et soumission au milieu. Besoin de faire plaisir. Besoin d'une maison accueillante qui peut devenir un refuge de paix, de calme. La mère peut vivre au foyer du natif ou marquer la vie du foyer. Sensibilité, sociabilité.

Hérédité 3 : milieu familial amical et stimulant pour l'enfant. Relations souvent nombreuses. Possibilité d'avoir plusieurs domiciles. Souvent sens du commerce développé dans la famille. Prospérité. Importance des enfants à la maison. La maison est source de joie. Originalité, créativité.

Hérédité 4 : respect des traditions. Environnement peu chaleureux, peu ouvert. Esprit conformiste. Moralité. Importance des travaux domestiques. Maison souvent sobre. Parfois milieu strict. Dans certains cas, dettes familiales et importance de la mort. Absence possible du père. Importance du patrimoine. Activité au domicile. Intérêt pour l'ancien. Besoin de stabilité. Méthode. Intérêt pour l'histoire familiale et la généalogie.

Hérédité 5 : ascendants qui véhiculent des valeurs de liberté ou d'insouciance. Besoin de mouvement et d'espace personnel dans le foyer. Habitation parfois de passage, souvent inoccupée. Parfois fréquents changements de résidence. Dynamisme, curiosité, ardeur, impatience. Migration, déracinnement.

Hérédité 6 : ambiance familiale chaleureuse. Aspiration à créer un foyer serein. Intérieur qui doit souvent répondre à des critères esthétiques précis, confortable et aménagé avec goût. Activités artistiques au foyer possibles. Protection liée à la famille. Ascendants qui inculquent le sens des responsabilités ou qui ont exercé de grandes responsabilités. Générosité. Sens de la justice. Exigence.

Hérédité 7 : indépendance ou éloignement précoce vis-à-vis de la sphère familiale. Désir se démarquer, s'éloigner ou casser les codes familiaux. Parfois révolte. Rejet des traditions familiales. Personnes de l'entourage marginales, originales ou hors cadre. Mélancolie et besoin de tranquillité. Raison, sagesse. Personnages solitaires ou isolés socialement. Secret de famille.

Hérédité 8 : hérédité dominatrice, parfois castratrice. Querelles et désaccords fréquents. Sévérité. Parfois violence, physique, verbale ou psychologique. Crise, transformation dans le foyer. Conversation liées à l'argent ou à la sécurité matérielle. Angoisses. Importance du patrimoine, des héritages. Courage. Insubordination. Besoin de pouvoir. Entêtement, autorité.

Hérédité 9 : idéalisation de la vie familiale. Parfois, éloignement du pays d'origine. Le natif peut vouloir s'expatrier, se détacher. Désillusions parfois. Sentiment d'être étrangé au milieu. Sens de la communauté. Valeur de solidarité. Altruisme. Dignité.

ÉTAPE N°11

LE NOMBRE D'IDÉALITÉ

Son nom parle de lui-même. Il représente l'idéal que le natif aimerait atteindre dans son for intérieur.

COMMENT LE TROUVER ?

C'est simple. Il suffit de relever le nombre inscrit dans la case 9 de la grille d'inclusion.

Pour Jacques CHIRAC :

1	2	3	4	5	6	7	8	9
4	0	4	0	4	0	0	2	3

Le nombre d'idéalité de Jacques CHIRAC est **3**.

Le 3 n'est présent dans aucune autre case.

INTERPRÉTATION DU NOMBRE D'IDÉALITÉ

Idéalité 1 : le sujet « rêve » d'être un personnage en vue, d'être apprécié et reconnu.

Idéalité 2 : le natif « rêve » d'une existence harmonieuse, calme, faite d'échanges profonds, sincères et sans remous.

Idéalité 3 : la personne « rêve » d'une vie de contacts, de complicité, de reconnaissance. Elle imagine son existence comme un chemin tranquille, jalonnée de rencontres et de plaisirs.

Idéalité 4 : la personne « rêve » d'une existence sécurisante, stable, fonctionnant sur des principes solides et des relations sur lesquelles elle pourra compter surtout s'il y a un lien avec la case du mode affectif ou le deuxième prénom. Attirance pour la nature et l'écologie.

Idéalité 5 : le natif « rêve » d'une vie faite de variété, de découvertes, de voyages et de liberté. Elle souhaite avoir une existence en perpétuel renouvellement, faite d'étonnements et de surprises. Besoin d'ouverture et de libération.

Idéalité 6 : personne qui « rêve » d'une vie dans laquelle elle pourrait exprimer et satisfaire ses besoins d'amour universel et d'harmonie. Grande compassion. Importance du bien-être.

Idéalité 7 : le sujet « rêve » d'une vie faite de découvertes intellectuelles, d'interrogations et de recherches dans lesquelles il vivra de la profondeur. Il souhaite parcourir la vie à travers des affinités morales, intellectuelles ou spirituelles.

Idéalité 8 : personne qui « rêve » de construire, de réussir socialement en surmontant les contraintes et les obstacles.

Idéalité 9 : la natif « rêve » d'horizons vastes, de découvertes et de voyages. Il souhaite exprimer sa vision humaniste et vivre à travers de grands projets.

ÉTAPE N° 12

LE NOMBRE D'EXPRESSION

Le nombre d'expression est une personnalité en devenir, en voie d'accomplissement par l'intégration progressive des énergies qui la composent. Le natif est exposé, chaque année, à la vibration d'une lettre (lettre de passage). Il va pouvoir progressivement les assimiler, les expérimenter et les mettre en pratique dans son expression personnelle au fil de ses expériences. Le nombre d'expression ne s'exprime donc qu'avec le temps. C'est une énergie qui est à la naissance au stade de potentiel. L'identité complète de Jacques CHIRAC était composée de 17 lettres. C'est donc à partir de 17 ans que le nombre d'expression a véritablement commencé à se dévoiler. Chaque cycle de 17 ans (pour J. CHIRAC) révélait un peu plus l'expression. Le nombre d'expression est une manière de se comporter socialement, un trait dominant de la personnalité qui se manifeste avec le temps. C'est la raison pour laquelle nombreux sont ceux qui ne s'y reconnaissent pas toujours. L'interprétation du nombre d'expression passe entre autre, par le filtre du nombre de structure et du nombre de la motivation.

CALCUL DU NOMBRE D'EXPRESSION

Le nombre d'expression se trouve en additionnant la valeur non réduite de toutes les lettres de l'identité.

Pour Jacques CHIRAC :

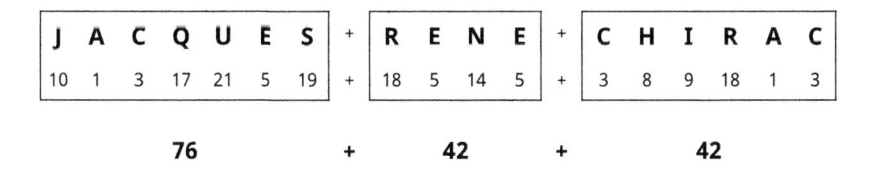

J	A	C	Q	U	E	S		R	E	N	E		C	H	I	R	A	C
10	1	3	17	21	5	19	+	18	5	14	5	+	3	8	9	18	1	3

        76   +   42   +   42

On obtient : 76+42+42 = 160 = 1+6+0 **= 7**.

Le nombre d'expression de Jacques CHIRAC est **160/7**.

Rappel : n'isolez jamais un nombre et tenez compte de la globalité du thème avant de tirer vos conclusions.

INTERPRÉTATION DU NOMBRE D'EXPRESSION

Si le nombre d'expression correspond à un nombre majeur déjà présent dans le thème, ils formeront un noyau. Il convient donc de vous référer, en plus de celles présentées ci-dessous, aux définitions des nombres en excès abordés page 216. Le sujet aura des difficultés à équilibrer le nombre en question.

Le nombre d'expression s'interprète en tenant compte de la valeur du nombre actif étudié plus haut (total des voyelles et des consonnes de tous les prénoms). Pour rappel il était pour Jacques CHIRAC égal à 1.

Expression 1 : le sujet développera progressivement des qualités de leader et d'indépendance en ne souhaitant dépendre de personne. Il souhaitera diriger et prendre sa vie en main. Parfois sensation de solitude ou tendance à vouloir s'imposer coûte que coûte. Égocentrisme.

Expression 2 : le sujet développera progressivement des qualités de sensibilité et de diplomatie. Il recherchera le consensus. Il sera de plus en plus paisible. Dépendance, soumission, faiblesse, indécision, hyperémotivité viendront parfois compléter le profil du natif.

Expression 3 : le sujet développera progressivement des qualités de sociabilité, d'extraversion et d'expression. Il sera de plus en plus enjoué, bavard, sachant relativiser les ennuis du quotidien. Immaturité, erreurs de jugement et esprit critique parfois.

Expression 4 : le sujet développera avec le temps un caractère solide et organisé. Il inspirera confiance et sera tirer partie des leçons du passé. Maturité. Parfois tempérament angoissé face à l'avenir. Parfois trop sérieux, froid, routinier. Peurs diverses.

Expression 5 : le sujet développera une personnalité plus libre, plus ouverte aux changements et à la nouveauté. Goût pour les expériences nouvelles, curiosité. Dans certains cas on note une certaine insouciance et de l'inconstance. Parfois fuite ou égarement.

Expression 6 : le sujet développera une nature bienveillante, respectueuse, compréhensive et conciliante. Il assumera ses responsabiltés et sera conscient de ses engagements. Il se montrera attaché à son foyer et à sa famille. Il vivra des périodes de satisfactions en acceptant les choses telles qu'elles sont. Il cherchera à se valoriser, à embellir son espace et son quotidien.

Parfois, c'est le signe de l'intolérance et de l'insatisfaction chronique. Certains se laisseront écraser par le poids des responsabilités ou prendront en charge, de manière excessive les autres, parfois en les réprimant ou en les dominant.

Expression 7 : le sujet sera poussé à se démarquer fortement en cherchant une voie d'affirmation singulière. Il développera un caractère de plus en plus indépendant et élitiste. Il peut aussi se montrer de plus en plus secret, introverti, peu accessible. Parfois il se révolte, se marginalise, s'isole, volontairement ou non. Il peut devenir rebelle, et remettre ses convictions les plus profondes en question. Il est parfois aussi mélancolique surtout dans l'environnement du 2. Certains se laissent glisser dans l'orgueil de l'intelligence et le mépris des autres. D'autres encore auront le goût de la provocation, seul moyen pour eux, d'exprimer leur différence.

Expression 8 : le sujet développera un caractère de plus en plus volontaire et déterminé. Son autorité et ses ambitions apparaîtront tôt ou tard au grand jour. Soif de pouvoir. Force et résistance accrue. Parfois agressivité, dureté, rancune. Dans certains cas, malhonnêteté, manipulation.

Expression 9 : personnalité qui développera son côté idéaliste. Il aura besoin de plus en plus d'espace et de vivre un idéal, un rêve. Il fera preuve d'avantage de compassion et d'intêret pour autrui. Il aura l'esprit ouvert et large. Désireux d'apprendre, de comprendre, il peut vouloir transmettre. Parfois caractère désabusé, perdu, ne trouvant pas sa voie.

Expression 11 : personnalité qui développera son intuition. Elle sera de plus en plus inspirée et charismatique. Elle sera perçue comme une personne très indépendante et individualisée. Parfois esprit de domination et tendances caractérielles.

Expression 22 : personnalité qui développera un tempérament plus déterminé et volontaire. C'est un visionnaire qui cherchera à réaliser un idéal. Force intérieure et charisme sont au programme de cette personnalité en devenir.

Expression 33 : personnalité qui développera beaucoup de compassion, de tolérence et tendra vers plus de sensibilité en regard des souffrances humaines.

COMPLÉMENT À L'ANALYSE DU NOMBRE D'EXPRESSION

LA PREMIÈRE LETTRE DU 1ER PRÉNOM

Pour préciser l'expression nous pouvons faire appel à la valeur de la première lettre du premier prénom.

Chaque lettre a une essence particulière qui est propre à son graphisme et à sa valeur numérique.

Nous n'allons pas développer cet aspect ici et nous ne tiendrons compte que de la valeur chiffrée de la lettre. Référez-vous au tableau de correspondance entre les lettres et les nombres en début d'ouvrage. Pour l'interprétation, vous pouvez considérer la valeur réduite à un nombre unique et appliquer le symbolisme général des nombres de 1 à 9, que vous devez par ailleurs commencer à bien connaître.

Pour **J**acques CHIRAC : la valeur de la première lettre du 1er prénom est donc « **J** ». Sa valeur est égale à 10/**1**.

C'est donc une lettre en lien avec le symbolisme du 1 : recherche d'indépendance, besoin de mener des projets, envie de progresser, dynamisme et esprit d'entreprise. Activité, promptitude, rapidité...

SYNTHÈSE N° 6

Nombre d'expression 7 en relation avec le nombre actif 1 et la première lettre de l'identité « J » de valeur 1.

Ici nous voyons clairement la confirmation d'un besoin d'autonomie et d'autorité. Le 1 et le 7 soulignent le besoin de faire cavalier seul ainsi qu'un besoin viscéral de se démarquer. L'énergie du 1 va pousser ou influencer le 7 vers des notions de progrès et l'indépendance. Jacques CHIRAC était aussi capable de « rebellion » et de remise en question. Ces derniers résultats nous confirment également ses difficultés à subir l'autorité et à s'associer. 1 et 7 sont très indépendants. Ils convergent, avec la première lettre « J » de valeur 1 vers l'insoumission et renforcent l'individualisme et l'égo. L'orgueil était sans doute démesuré. 1 et 7 sont aussi des nombres « mentaux » qui s'activent mutuellement. Cela lui conférait donc un mental actif, convaincant, de la réactivité, une acuité intellectuelle et des facilités d'analyse évidentes. Cette combinaison favorise le discernement et les prises de conscience personnelle. Évolution de la personnalité sur des cycles de 17 ans.

ÉTAPE N° 13

LES PLANS D'EXPRESSION

Les lettres sont classées selon différents plans d'expression qui déterminent 4 modes de fonctionnement. À l'identique de l'inclusion, les totaux de chaque plan ou mode vont nous renseigner sur des aptitudes, des comportements, des évènements... Il convient de faire la jonction et de relier tous les nombres du thème au tableau ci-dessous puisqu'il fait également, comme la grille d'inclusion, office de paramètre relais. N'oubliez pas que tous les nombres sont en interaction, que tous les 1 du thème sont reliés, idem pour le 2, le 3, le 4...

D'autres données peuvent compléter ce tableau. Nous n'en feront pas usage dans le cadre de cet ouvrage. Il s'agit des lettres :

- créatives, dynamiques ou cardinales ;
- mobiles ou mutables ;
- stables ou fixes.

Celles-ci seront abordées dans un autre ouvrage.

Pour Carl Gustave Jung, chaque individu dispose de 4 fonctions lui permettant une « adaptation au monde extérieur » : la pensée, le sentiment, la sensation et l'intuition. En numérologie, la terminologie adoptée (F. Daviet) est la suivante :

- fonction pensée = mode mental ;
- fonction sensation = mode physique ;
- fonction sentiment = mode affectif ;

- fonction intuition = mode intuitif.

Chaque fonction peut être reliée à un des 4 éléments abordés en début d'ouvrage. Ainsi :

- la fonction pensée est liée à l'élément Air ;
- la fonction sensation est liée à l'élément Terre ;
- la fonction sentiment est liée à l'élément Eau ;
- la fonction intuition est liée à l'élément Feu.

La fonction sensation s'oppose à la fonction intuition.
La fonction pensée s'oppose à la fonction sentiment.

On distingue également :

- les fonctions rationnelles de jugement : la pensée et le sentiment qui émettent un jugement soit de l'ordre de la logique soit de l'ordre de l'affectif.

- les fonctions irrationnelles de perception : la sensation et l'intuition qui ne suivent pas les lois de la raison mais celles de l'impression.

Ces 4 fonctions sont regroupées dans le tableau suivant :

Mode Mental (fonction pensée)	Mode Physique (f. sensation)	Mode Affectif (fonction sentiment)	Mode Intuitif (fonction intuition)
A	E	IORZ	K
HJNP	W	BSTX	FQUY
GL	DM		CV

LES LETTRES MENTALES

ou cérébrales selon les auteurs

A – H – J – N – P – G - L

Elles correspondent à la fonction pensée, à l'analyse, la logique, le rationnel, l'observation, la réflexion, la compréhension, la cérébralité, l'habileté intellectuelle, la conception, l'esprit de déduction et par extension elles font références aux études et à l'intelligence. On leur attribue également une certaine froideur car elles s'opposent à la fonction sentiment.

Les nombres 1, 3, 4, 5, 7 sont des nombres de type « mental ».

LES LETTRES PHYSIQUES

ou constructives, terre à terre

E – W – D - M

Elles correspondent à la fonction sensation, au sens pratique, au besoin d'expérimenter, de pratiquer, à l'action sur la matière, à ce qui nous ramène à la réalité, aux sens, à la force, à l'implication physique, aux mains, aux difficultés, aux efforts et à la santé. Elles sont dites aussi matérielles.

Les nombres 4, 5, 8, 22 sont des nombres de type « physique ».

LES LETTRES AFFECTIVES

ou émotives, émotionnelles

I – O – R – Z – B – S – T – X

Elles correspondent à la fonction sentiment , à la sensibilité, la réceptivité, à l'évaluation des émotions qu'elles soient agréables ou désagréables, aux sentiments, à ce que l'on aime ou pas, au couple, au conjoint ainsi qu'aux contrats et aux inimitiés. Domaine de la subjectivité.

Les nombres 2, 6, 9 sont des nombres de type « affectif ».

LES LETTRES INTUITIVES

K – F – Q – U – Y – C - V

Elles correspondent à la fonction intuition, aux perceptions, au ressenti, aux pressentiments qui permettent d'anticiper une situation, d'en avoir une perception globale inconsciente et irrationnelle. C'est une compréhension des choses spontanée et non réfléchit.

Les nombres 1 et 11 sont des nombres de type « intuitif ».

COMMENT COMPLÉTER LE TABLEAU ?

Il suffit de répertorier pour chaque mode, le nombre de lettres contenues dans l'identité complète.

Pour Jacques René CHIRAC :

Mental	Physique	Affectif	Intuitif
A 2	E 3	IORZ 3	K 0
HJNP 3	W 0	BSTX 1	FQUY 2
GL 0	DM 0		CV 3
<u>Total</u> : 5	<u>Total</u> : 3	<u>Total</u> : 4	<u>Total</u> : 5

Nous avons donc, dans le mode mental comptabilisé 2 A, 1 H, 1 J, et 1 N. Le total obtenu est donc 5. Nous avons effectué de la même façon les totaux des autres cases et obtenu : 3 en mode physique, 4 en mode affectif et 5 en mode intuitif.

Pour Jacques CHIRAC :

la fonction pensée fonctionne avec la fonction intuition toutes deux marquées par le 5. Elles sont donc liées. On en déduira une pensée rapide, intuitive et spéculative et donc plus fondée sur la théorie que sur la pratique.

Le 5 correspond au nombre de structure de Jacques CHIRAC. On peut en déduire que c'était un homme dont le mental était développé, qu'il avait besoin de comprendre et d'apprendre. Sa curiosité, sa mobilité intellectuelle faisaient de lui un personnage doté d'un esprit brillant et dont le sens de la répartie était remarquable (le 5 parle du langage). Ses capacités intellectuelles ont servi ses réalisations. Le 5 souligne un esprit vif et prompt. Il avait des facilités dans le domaine des études et avait la capacité de s'investir dans plusieurs choses à la fois (le 5 = multiple). Son intuition était non négligeable dans sa compréhesion des personnes et des choses. Il pouvait se faire une impression rapide (le 5 = rapidité). 5 est aussi le signe de la séduction et de la sexualité. Jacques CHIRAC pouvait séduire en utilisant ses capacités intellectuelles. Ses pensées pouvaient s'organiser autour des plaisirs et de la liberté...

Sur le plan affectif, le 4 pourrait indiquer un certain self-control, de la pudeur et un besoin de maîtriser les débordements et les émotions. La case affective nous parle également du couple. Jacques CHIRAC en attendait, si nous nous en tenions à ce stade de l'analyse à ce seul nombre, quelque chose de sérieux et de stable qu'il aurait du concilier à son désir d'indépendance et de liberté (structure 5). Toutefois, nous devons ici anticiper le propos car nous verrons par la suite que ce 4 représentait un défi pour lui (nous abordons cette notion plus loin). Nous pouvons considérer qu'il a peut-être vécu le couple comme quelque chose de limitant, de restrictif ou de frustrant et qui en tout cas, a pu poser quelques problèmes à la lumière de ce défi. Cet aspect est donc contraire au besoin de liberté exprimé par le nombre de structure 5. La stabilité du couple n'est pas acquise car elle fait l'objet d'une leçon à apprendre ou d'obstacles. Mais nous verrons aussi à l'étape n° 18, qu'un défi est toujours source d'opportunités. Ce 4 en mode affectif, peut tout à fait aussi représenter une partenaire sérieuse qui peut se montrer pudique et peu démonstrative. Elle peut vouloir aussi brider les ardeurs. Cet exemple nous montre bien la nécessité de ne pas interpréter trop hâtivement et d'éviter de sortir un nombre du contexte général.

Le 3 dans la case du mode physique évoque un côté épicurien, la recherche de plaisirs à travers les sensations. On peut aimer s'exprimer avec les mains... Capacités de concrétiser, de mettre en pratique des idées. Les difficultés sont surmonter facilement et avec optimisme. Ce 3 en case physique confirme une certaine confiance en soi mais il fait aussi référence au drivers « fais des efforts » qui indique que le sujet éprouve de la satisfaction dans l'exécution de tâches difficiles. Nous abordons les drivers en fin d'ouvrage.

Françoise Daviet a mis en lumière d'autres spécificités relatives à ces cases. Ainsi, elle relie par exemple la case physique aux épreuves de la vie. Avec le 3, elles peuvent concerner l'image de marque et la considération, l'expression, la vie sociale, les mensonges, les abus de confiance, la jalousie, l'orgueil, les enfants...

CLÉS D'INTERPRÉTATION

MODE MENTAL

Mental 1 : vivacité d'esprit, intelligence, esprit pionnier.
Mental 2 : questionnement profond, réceptivité. Accumulation.
Mental 3 : imagination, clarté, vivacité, curiosité. Polémique.
Mental 4 : ténacité, rigueur, mécanisme, précision, preuve.
Mental 5 : expérimentation, vivacité, curiosité, répartie.
Mental 6 : esprit loyal, hésitation, contexte affectif lié au mental.
Mental 7 : investigation, attirance pour l'insolite, le mystère.
Mental 8 : attrait pour l'au-delà, concentré, ambitieux, volontaire.
Mental 9 : inspiration, initiation, idéalisme, recherche, savoir.

MODE PHYSIQUE

Physique 1 : rapidité d'exécution, dynamisme, ambition.
Physique 2 : obéissance, travail en équipe, application au travail.
Physique 3 : talents multiples, sens du contact, richesse, chance.
Physique 4 : application, méthode, économie, effort.
Physique 5 : activité, adaptabilité, refus de l'ennui. Indiscipline.
Physique 6 : mise en valeur, confort, sécurité, sensorialité.

Physique 7 : sens de l'opportunité, invention, progrès. Analyse.
Physique 8 : commandement, stratège, puissant, investissement.
Physique 9 : enseignement pratique. Transmission.

MODE AFFECTIF

Affectif 1 : besoin d'un partenaire valorisant, passion, fougue.
Affectif 2 : émotivité, sensibilité, douceur, indulgence, paix.
Affectif 3 : gentil, amical, affable, besoin d'être apprécié, joueur.
Affectif 4 : protection, pudeur, sélectivité, fidélité, culpabilité.
Affectif 5 : charme, attirance, sensualité, sexualité, liberté.
Affectif 6 : dévouement, service, sentiments raffinés, séduction.
Affectif 7 : sélectivité, besoin d'affinité intérieure, secret.
Affectif 8 : possessif, jaloux, passionnel, solide.
Affectif 9 : universalité, générosité. Immense besoin d'amour.

MODE INTUITIF

Intuitif 1 : intuitions rapides, mental et intuition mêlés.
Intuitif 2 : ouverture, capacité de ressentir les émotions.
Intuitif 3 : intuitions créatives ou dans le cadre des études.
Intuitif 4 : intuitions concernant la mort. Besoin de confirmation.
Intuitif 5 : perceptions rapides, instinctives.
Intuitif 6 : intuition concernant les besoins des autres.
Intuitif 7 : connaissances intuitives. Concepteur, inventeur.
Intuitif 8 : médiumnité, « flair » dans les affaires.
Intuitif 9 : grandes révélations.

Avez-vous remarqué le lien qui existe entre le 2ème prénom (les partenaires) et la case du mode mental dans l'analyse de J. CHIRAC (revoir le graphique de la page 84) ? Ces deux paramètres sont reliés par le 5. Cela nous indique un ou une partenaire au mental développé.

ÉTAPE N° 14

LE NOMBRE DES INITIALES DU PRÉNOM USUEL ET DU NOM

Le nombre des initiales exprime une vibration non négligeable et influence fortement l'aspect social de la personnalité.

CALCUL DU NOMBRE DES INITIALES

Il suffit d'additionner la valeur de la première lettre du 1er prénom à celle de la première lettre du nom de famille.

Les particules, comme **de** Gaulle ne sont pas prises en compte. Dans le cas du général de Gaulle on ne retient donc que le « G ».

Pour les prénoms composés, il convient de tenir compte de toutes les initiales. Exemple pour **J**ean-**D**aniel **F**ERMIER : nous conservons à la fois le « J », le « D » et le « F ». Ce qui donne 10 + 4 + 6 = 20 = 2

Pour **J**acques **C**HIRAC nous obtenons : **J**=10 ; **C**=3 → 10+3 = **13/4.**

INTERPRÉTATION DU NOMBRE DES INITIALES

Initiales 1 : volonté, ambition, assurance, égoïsme, domination.

Initiales 2 : coopération, sensibilité, imagination, soumission, passivité.

Initiales 3 : créativité, vivacité, orgueil, colère, dispersion.

Initiales 4 : méthode, organisation, persévérance, routine, étroitesse d'esprit.

Initiales 5 : liberté, optimisme, aventure, impulsivité, versatilité.

Initiales 6 : conciliation, compréhension, esthétisme, indécision, exigence.

Initiales 7 : réflexion, analyse, originalité, créativité, pessimisme, perfectionnisme.

Initiales 8 : ambition, énergie, pouvoir, dureté, agressivité, intransigeance.

Initiales 9 : tolérance, altruisme, sensibilité, émotion, désordre, flou, passion, grandeur.

Initiales 11 : ambition, inspiration, force, déséquilibre, tension nerveuse, domination.

Initiales 22 : ambition, force de réalisation ou paresse.

ÉTAPE N° 15

LE NOMBRE D'ÉQUILIBRE

Le nombre d'équilibre permet de se recentrer et de retrouver une position stable dans les périodes de tension personnelle ou les passages délicats. Il indique les secteurs sources de mieux-être et d'apaisement. Quand rien ne va plus, ayez recours au nombre d'équilibre ! Les interprétations qui suivent sont standards ! Il est nécessaire de les approfondir, comme l'ensemble des définitions contenues de ce livre.

CALCUL DU NOMBRE D'ÉQUILIBRE

Pas de calcul ici puisque le nombre d'équilibre correspond à la valeur du modulateur de la case 5 de la grille d'inclusion.

Pour Jacques CHIRAC :

rappel de la grille d'inclusion :

1	2	3	4	5	6	7	8	9
4	0	4	0	4	0	0	2	3

La case 5 est au centre de la grille d'inclusion et joue un rôle décisif dans l'équilibre du sujet.

Son nombre d'équilibre est **4**.

À ce stade, vous avez sans doute remarqué la présence récurrente du 4 dans le thème de Jacques CHIRAC.

INTERPRÉTATION DU NOMBRE D'ÉQUILIBRE

Équilibre 1 : rester centré sur soi, penser à soi et à son propre développement. Rompre avec les situations de soumission ou de dépendance affective. Favoriser l'indépendance et se mettre en avant. Tenter de rayonner. Agir et décider pour soi. Se fixer un objectif maintenant. Faire un pas en avant. Ne pas procrastiner (remettre à plus tard).

Équilibre 2 : retrouver la séreinité, s'apaiser. Favoriser les activités calmes et de détente en tous genres. Favoriser les climats intimes propices à l'échange et aux confidences. Laisser s'exprimer ses émotions. Prendre un bain, pratiquer la relaxation ou être vecteur de gentillesse, d'attention… Être à l'écoute de soi et retrouver la paix.

Équilibre 3 : retrouver un peu de légèreté, d'insouciance. Favoriser les loisirs, les activités ludiques ou créatives. Voir des amis, communiquer, créer. Retrouver l'enfant en soi. Favoriser les contacts avec les enfants. Jouer, rire, sourire, s'épanouir en faisant abstraction des ennuis du quotidien. Relativiser les problèmes. Apprendre.

Équilibre 4 : reprendre le contrôle de soi, se sécuriser, remettre de l'ordre dans sa vie. Structurer, organiser, planifier des activités clairement définies. Favoriser une activité routinière, mettre en place des rituels pour éviter la dispersion ou l'oisiveté. Jardiner, construire. Se discipliner. Faire preuve d'honnêteté, de fiabilité et respecter les règles. Ne pas trahir.

Équilibre 5 : retrouver sa liberté, rompre avec la routine, les habitudes, les chaînes du passé. S'aérer, bouger, sortir, prendre l'air, faire du sport. Être à l'écoute des besoins et des sensations de son corps. Tenter de nouvelles expériences. Lâcher pour un temps certaines responsabilités sans culpabiliser.

Équilibre 6 : retrouver l'équilibre en soi, et vivre l'amour. Favoriser les activités d'harmonisation (relaxation, détente, décoration, conciliation…). Développer son art d'embellir. Écouter les messages du cœur et reconnaître ses attirances et ses répulsions. S'orienter vers ce que l'on aime. Ne pas se sentir obligé. Rompre avec certaines obligations.

Équilibre 7 : se replier, faire un examen attentif et reprendre confiance en soi. S'isoler, se mettre en retrait, pour observer, apprendre, lire. Faire le point et faire preuve de discernement. Chercher la vérité. S'autoriser à penser autrement. Accepter d'être différent. Gagner l'indépendance et ne pas se laisser envahir émotionnellement.

Équilibre 8 : reprendre le pouvoir. Avoir confiance en ses capacités et sa force. Réaliser, décider, construire. Résoudre ses problèmes en cours. Se sentir légitime et maîtriser les situations. Favoriser les initiatives dans les domaines professionnels et matériels. Ne pas se laisser marcher sur les pieds. Accepter les périodes de transformation. Dépenser l'énergie accumulée et libérer son agressivité. Faire du sport.

Équilibre 9 : lâcher-prise. Apprendre le détachement. Rompre. Dire non. Partir, voyager, s'évader, découvrir, se passionner, s'exiler. Favoriser les activités reflétant un idéal ou à portée collective. Transmettre des valeurs ou un savoir. Recentrer les actions sur les valeurs personnelles. Faire un bilan personnel et en tirer des enseignements. Favoriser les grands espaces.

Notez qu'il est possible d'appliquer ces définitions aux cycles de réalisation du chemin de vie (page 202), aux années personnelles (page 213) ainsi qu'aux défis (page 179). D'une manière générale et pour la totalité des nombres qui composent le schéma numérologique, il est souhaitable, de vous référer à tout ce qui est dit de chacun d'eux sur l'ensemble de l'ouvrage.

ÉTAPE N°16

LE CHEMIN DE VIE

Le chemin de vie est souvent décrit en numérologie comme la part de destin qui nous est assignée. Il expose en effet à certaines particularités dans les trajectoires et les expériences. Mais il est aussi de nature à guider les choix du sujet. Ces situations sont, en réalité, des occasions données au natif d'équilibrer l'énergie en question, de l'exploiter et de l'exprimer dans ses aspects les plus nobles. C'est une orientation majeure qui domine l'existence, un itinéraire qu'il nous est proposé de suivre et sur lequelle nous devons nous projeter. Cet espace-temps est aussi le reflet de notre évolution intime. C'est un cheminement à ne pas négliger et, l'ignorer, conduit le plus souvent à la déception. Suis-je en accord avec le nombre de mon chemin de vie ? Quel décalage existe-t-il entre ce que je suis, ce que je fais, ce que je pense et mon chemin de vie ? Voilà les questions qui peuvent nous éviter bien des écueils. Il convient de l'aborder comme un vecteur d'opportunités plutôt qu'à travers des sentences inéluctables. Les descriptions qui suivent sont générales. Le but étant de n'enfermer personne dans un schéma standardisé. Elles sont toutefois le reflet d'une certaine vérité. À approfondir donc... Précisons que l'analyse du thème numérologique ne se réduit pas à l'étude du chemin de vie et des cycles comme on le voit souvent dans les magazines qui contribuent à lui donner une image galvaudée. L'approche doit être globalisée. L'étude de la personnalité est indissociable de celle des cycles. La qualité des « prévisions » est dépendante de ce postulat. Un nombre donc à relativiser, à moduler et à ne surtout pas isoler...

CALCUL DU CHEMIN DE VIE

Le calcul du chemin de vie a été exposé précedemment.
Pour rappel, nous prenons en considération la valeur non réduite du jour de naissance, du mois de naissance et de l'année de naissance. Nous posons l'opération à la verticale pour ensuite effectuer, à l'horizontal, un total, nous permettant de réaliser une réduction jusqu'à l'obtention d'un chiffre unique.

Pour J. CHIRAC né le 29 novembre 1932 nous obtenons donc :

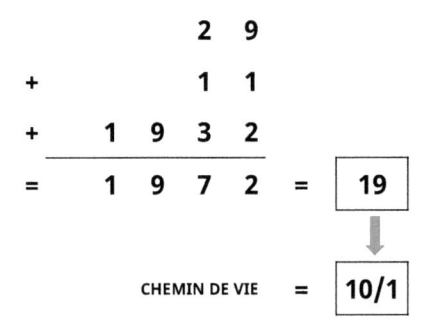

```
              2 9
   +          1 1
   +    1 9 3 2
       ─────────
   =   1 9 7 2   =  19
                       ↓
            CHEMIN DE VIE  =  10/1
```

Le chemin de vie de Jacques CHIRAC est **10/1**.

INTERPRÉTATION DU CHEMIN DE VIE

CHEMIN DE VIE 1 : chemin de vie dont les circonstances vont favoriser l'accomplissement et les réalisations individuelles. Il sera utile au natif de comprendre la nécessité d'oser s'engager vers un cheminement volontaire et des objectifs personnels. Il doit comprendre qu'il a son destin en main et prendre conscience de son pouvoir décisionnel. Il pourra favorablement s'impliquer dans des projets ambitieux en accord avec ses moyens, ses potentialités personnelles et les possibilités contextuelles. Il conviendra au sujet de développer sa faculté à se fixer des buts, à prendre, avec confiance des initiatives, à déterminer, seul, son propre itinéraire et à se placer au centre de sa vie. Il devra veiller aux situations de dépendance qui l'empêcheront peut-être d'avancer. Ce chemin est pour certains l'occasion de s'affranchir, de se faire reconnaître ou respecté par l'affirmation d'une identité singulière ou par l'acquisition de compétences reconnues. Il devra mettre ses talents en lumière. Les natifs concernés par ce parcours pourront avantageusement, sans arrogance ni domination, conduire un groupe, motiver, dynamiser et faire preuve de leadership. D'autres seront confrontés à la nécessité de retrouver la confiance leur permettant de reprendre le chemin de l'autonomie et de l'indépendance. Ce chemin mène également à de possibles réflexions sur l'identité et le besoin de reconnaissance. Certains seront à la recherche de leur vrai Moi. Chemin d'équilibrage de l'égo et de réparation, le cas échéant, d'une faille dans l'estime personnelle. Les sujets dont le mépris des autres et l'arrogance seront développés seront confrontés à leur « maître ». D'autres, seront à la recherche d'un guide. Une femme peut être amenée à revoir sa position dans son rapport à l'homme.

Aspects caractéristiques : conflit d'autorité. Solitude. Indifférence de l'entourage, succès ou échec. Personne qui se lance des défis. Besoin de dépassement, d'activité, esprit de compétition. Besoin de fierté personnelle. Besoin de se sentir vivre pleinement, d'exister. Sujet qui n'aime pas les temps morts. Difficultés dans le rapport à l'homme ou au père. Femme autoritaire.

Qualités attendues : affirmation, indépendance, assertivité, audace, aptitude à vivre l'instant présent, dynamisme.

Écueils à éviter : passivité, soumission, attentisme, orgueil, domination, incompétence, blocage devant les obstacles, impulsivité, arrogance, peur de l'autorité, immaturité.

CHEMIN DE VIE 2 : chemin de vie dont les circonstances vont favoriser le développement des qualités d'aide et de soutien. Il réclame de la part du natif un esprit souple et compréhensif. Il doit veiller à tempérer sa susceptibilité et faire preuve de diplomatie dans les conflits et les oppositions rencontrés. Il peut favorablement exprimer sa sensibilité, sa tendresse et se libérer d'une possible tension émotionnelle par une pratique artistique (écriture, dessin, musique...). L'expression des émotions est capitale. Certains natifs n'expriment pas ou peu leurs émotions et affichent un caractère dur destiné à passer sous silence leurs failles jusqu'au jour où ils explosent ou fondent en larmes à la grande surprise de tous. Ils seront amenés à découvrir et reconnaître leurs blessures et leur vulnérabilité. Ils auront parfois besoin de soutien, d'attention, d'affection et devront l'accepter. Il leur sera utile de trouver une paix intérieure et de se ménager des moments de calme. La relaxation et la natation leur sont particulièrement indiqués. Il leur est demandé de ne pas subir les situations de dépendance et de collaborer en prenant soins de préserver leurs valeurs, leur autonomie et leur identité. Il y aura la nécessité d'acquérir ou de consolider le droit de participer activement aux décisions qui les engagent. Il ne doivent pas tomber dans les effets négatifs d'une fusion dans laquelle chacun peu perdre un peu de lui-même. La vibration du 2 évoque la réceptivité, l'attente et le lâcher prise. Il sera donc difficile aux sujets concernés de forcer le destin et les événements. Ils devront prioritairement être à l'écoute de leurs émotions. Celles-ci les guideront et orienteront favorablement leurs décisions. Ils doivent apprendre à ressentir plus qu'à penser ou à analyser. La sphère mentale doit être délaissée au profit de la sphère émotionelle. Chemin qui mène à des reflexions sur l'attachement et la dissociation. Travail possible sur la peur de l'abandon.

Aspects caractéristiques : sujet qui vit dans l'ombre ou sous la domination d'un tiers. Sensation d'étouffement affectif. Mésentente, conflit. Rôle de second. Rupture. Désir de pacification et de fraternisation. Amour partagé, sérénité. Sensibilité poétique. Homme qui dissimule sa sensibilité. Affects bloqués.

Qualités attendues : humilité, capacité d'union et de réconciliation, sens du partenariat, prévenance, acceptation de la sensibilité et reconnaissance de ses failles.

Écueils à éviter : nonchalence, victimisation, dépendance, égoïsme, individualisme, froideur, insensibilité, surprotection, favoritisme, tension nerveuse.

CHEMIN DE VIE 3 : chemin de vie dont les circonstances vont favoriser les échanges et l'expression des potentialités créatives. Le natif est amené à développer une vie sociale et amicale riche. Les rencontres y sont nombreuses et souvent déterminantes. Il cherchera une valorisation à travers elles. Il peut favorablement se montrer curieux sans toutefois prendre le risque de la dispersion. Il doit éviter la superficialité et la crédulité. Avec le temps et les différentes expériences, il gagnera en profondeur et en maturité. Il sera amené à reconsidérer l'importance de l'image et de l'apparence. Il aime dévoiler les facettes de sa personnalité les plus avantageuses usant parfois de vantardise, de mensonge et de comédie. Il se crée parfois un personnage. Il aime épater et susciter la considération d'autrui. Dans certains cas, son orgueil, son désir de paraître seront mis a mal et il aura la sensation douloureuse de vivre, à certaines périodes, des situations moins glorieuses. Sa vie sociale sera, pour un temps, sous l'effet d'une éclipse. Il lui sera nécessaire de se rencentrer pour acceder et exprimer sa vraie nature. Il ira vers plus d'authenticité. Dans certains cas, le sujet ne développe aucune créativité et néglige son implication dans les possibilités d'éclosion du bonheur. Il rejettera la faute sur son entourage ou les circonstances extérieures. Il pourra se libérer et relativiser ses craintes pour faire apparaître au grand jour ses talents et acceder au sentiment de joie. Le natif est souvent entouré de personnes plus jeunes que lui, ce qui contribue à maintenir une certaine jeunesse d'esprit. Un travail peut être nécessaire à la liquidation d'un complexe de supériorité. Ce chemin mène très souvent à des reflexions relatives à l'enfant intérieur et au pouvoir créatif de la vie.

Aspects caractéristiques : vocation contrariée, blocage dans l'expression des talents, environnement sévère ou limitant. Vie d'insouciance, papillonage, facilités en tous genres. Éternel adolescent. Joie et enrichissement personnel. Centres d'intérêts multiples. Vie créative. Dévalorisation personnelle. Aime utiliser les superlatifs ou en « rajouter ».

Qualités attendues : spontanéité, sociabilité, expression claire, extraversion, convivialité, confiance en la vie, dynamisme, enthousiasme, esprit créatif, humour, pratique d'un art, authenticité.

Écueils à éviter : bavardage, critique, enfantillage, puérilité, fabulation, fourberie, comédie, mensonge, manque d'authenticité, vanité, superficialité, étourderie, masque social, vie en circuit fermé, censure, limitations, principes, sévérité, isolement, moralisation, rabat-joie, paresse, négligence, pessimisme.

CHEMIN DE VIE 4 : chemin de vie dont les circonstances vont favoriser le déploiement des qualités de rigueur, de méthode, de préparation et d'anticipation. Le natif tirera avantage à organiser et optimiser son temps tout en respectant les règles en vigueur de la société dans laquelle il évolue. Sa persévérence, sa discipline et son sérieux le conduiront à trouver la place qu'il recherche. Il apprendra à structurer sa vie, à créer des process qui lui permettront de se libérer progressivement de ses peurs. Il aura besoin de se rassurer par des habitudes, des biens matériels, des collections ou en se constituant avec régularité de petites « cagnottes », des économies, surtout si le 4 se reporte dans le nombre de structure qui nous parle aussi du rapport à l'argent. Il aura besoin de faire régulièrement le point sur ce qu'il possède, de « faire ses comptes ». Sa tranquillité d'esprit en dépendra. Il pourra avoir peur de manquer. Le natif devra se constituer une base solide et sécurisante. Il aimera faire des plans pour l'avenir. Certains construiront plusieurs maisons pour enfin trouver le cadre et la place qui les rassure. D'autres, chercheront un assise dans le cadre professionnel. Le sujet devra veiller à la pérénisation de ses actions mais sera dans l'obligation de faire preuve de patience pour en récolter les fruits. La notion de temps prend toute sa valeur sur ce chemin. Certains natifs ressentent des sensations de limitation, de lenteur qui les conduisent parfois à la frustration. Elles sont sources en réalité de maturation et d'évolution. La fantaisie fait parfois défaut, signe qu'il faut s'ouvrir davantage. Sous cette vibration, le sujet est souvent contraint ou ressent le besoin de fixer des limites personnelles, des barrières pour se protéger, en particulier dans la sphère émotionnelle. Parfois il s'enferme, s'isole, se barricade littéralement. Peut-être devra-t-il prendre conscience de sa rigidité, sorte de pis-aller au maintien de sa sécurité ? Peut-être devra-t-il dépasser ses limites sclérosantes, se débarasser des mécanismes et des peurs qui l'empêchent d'aller au-delà de lui-même ? Ce chemin conduit à des reflexions sur la mort et un possible complexe de culpabilité. Il devra travailler sur des questions d'insécurité et l'importance des mémoires familiales. Un questionnement sera relatif à ce qui restreint, ce qui encombre et aux inquiétudes qui l'empêchent d'avancer ou lui font parfois faire des économies de bout de chandelle. L'anxiété peut l'empêcher de s'ouvrir aux différentes expériences de la vie.

Aspects caractéristiques : enfance insécurisée, angoisse de mort à la naissance, éducation vécue comme trop stricte ou anxiogène. Absence de repère. Recherche sur les racines. Attrait pour la généalogie. Expériences professionnelles multiples avant de pouvoir trouver sa place. Travail manuel. Personnage manquant de fantaisie. Incertitudes quant à l'avenir. Chômage. Fréquent besoin de repartir à zéro, de réorganiser, de refaire.

Qualités attendues : patience, effort, endurance, régularité, structuration, mesure, réalisation, respect des règles, organisation, libération, ouverture.

Écueils à éviter : peur de se tromper, paresse, maniaquerie, enfermement, rigidité, ennui, laisser-aller, versatilité, impatience, inconstance, actions non préparées, obsolescence.

CHEMIN DE VIE 5 : chemin de vie dont les circonstances vont favoriser le développement de l'autonomie et de la liberté personnelle. Le sujet tirera avantage à ne vivre ni dans le passé (les regrets), ni dans le futur (source d'anxiété). Il prendra conscience que seul l'instant présent existe et qu'il ne peut agir que dans la réalité du temps immédiat, dans l' « ici et le maintenant », principale source de satisfaction. Il sera souvent amené à faire un trait sur le passé et à renouveler son existence sur différents plans. Il vivra des expériences destructurantes. Il lui sera utile de saisir les opportunités qui se présentent à lui quelqu'en soit le domaine. Il devra faire preuve de discipline pour éviter les écueils de la dispersion, de l'impatience et de l'instabilité génératrices d'épuisement nerveux. Il cherchera parfois à échapper à l'ennui en se lançant dans de multiples projets sans toujours aller au bout de ses entreprises. Il apprendra les bienfaits de la focalisation : ne faire qu'une seul chose à la fois. Il lui est recommandé de pratiquer l'exercice physique, source de libération des tensions internes et de maintient de l'autonomie sur le plan physique. Il doit veiller à garder de la souplesse et du dynamisme. Certains devront s'ouvrir aux plaisirs de l'existence qu'ils se refusent parfois inconsciemment. Les réflexions seront relatives à la sexualtié, à l'origine des stimulations ou encore aux dogmes moraux, religieux ou culturels dont il sera nécessaire de s'affranchir. Le sujet devra faire évoluer et libérer sa capacité d'aventure pour laisser émerger les occasions de croissance personnelle. Les déplacements, les voyages[6] seront sources d'opportunités et favoriseront l'épanouissement. Pour certains sujets, l'audace fera défaut. Figé, cloué à l'étape antérieure, ils auront peur d'avancer. Ils resteront ancrer dans le symbolisme du 4 avec ses limites et ses cadres sécurisants. Il peuvent faire de la résistance aux changements. Le 5 au contraire les invite à circuler librement, à s'ouvrir à l'inconnu et à la nouveauté. Le chemin de vie 5 est parfois l'indice d'un déracinement qui oblige le natif à s'adapter à une culture différente, un nouvel emploi, une nouvelle région, un nouveau pays, un nouveau mode de vie. Il invite à l'élargissement de la zone de confort. Il y a dans certains cas une peur de l'étranger.

Aspects caractéristiques : privation de liberté, changements réguliers ou non souhaités, déménagements, rupture dans les

---

[6]Les voyages s'entendent ici dans le sens de la découverte. Ils supposent une sortie du cadre habituel et de la zone de confort. À ne pas confondre avec le voyage d'agrément ou les vacances qui sont plutôt représentés par le 3.

situations de dépendance, sujet qui assume tout, tout seul pour éviter la « prison » de la dépendance, indépendance forcée, sujet qui ne saisit pas les opportunités de libération, sensation d'être pris au piège (travail, couple...), enfermement moral, religieux, difficultés d'ordre sexuel...

Qualités attendues : absence de résistance, curiosité, esprit de découverte, mobilité, mouvement, expériences, dynamisme, ouverture à la différence.

Écueils à éviter : résistance, peur, impulsivité, imprudence, habitudes sclélorosantes, instabilité, fuite des responsabilités, refus des contraintes.

CHEMIN DE VIE 6 : chemin de vie dont les circonstances vont favoriser et amener le sujet à trouver l'amour authentique de soi en acceptant la totalité de son être, avec sa lumière et sa part d'ombre. C'est à ce prix qu'il sera en capacité d'accepter le monde qui l'entoure tel qu'il est, avec ses qualités et ses défauts. Sous cette vibration, le natif focalise souvent son attention sur un détail qui le gêne, une imperfection, oubliant l'harmonie générale qui règne tout autour de lui. Il ne sait pas toujours voir la beauté qui s'invite dans sa vie. Il mesure le monde et ce qui l'entoure à ses imperfections. C'est la raison pour laquelle, il peut se montrer critique. Il a aussi souvent tendance à se comparer aux autres et à se juger trop sévèrement. Il doit tendre vers l'acceptation de ce qu'il est. Il a parfois envie de devenir ou de vivre la vie d'un autre qu'il jalouse en secret. Il peut souffrir d'un manque d'harmonie, de confort ou de faste dans sa vie. Il est souvent très exigeant et peut se montrer obsessionnel. Sa recherche d'équilibre et du juste milieu l'empêche de s'engager et de donner une impulsion particulière dans une direction précise et lui hôte toute fougue lors du passage à l'acte. Il est soumis au doute qui s'exprime autant devant un choix important que lors d'un achat banal ou sans conséquence notable. Il se demande souvent s'il a fait le bon choix et se tourmente à échafauder les différents scénarios et les différentes possibilités qui s'ouvrent devant lui. Le 6 est le représentant de la beauté. Il sera donc demandé au sujet concerné d'apporter de l'élégance, de l'esthétisme et du charme dans les différentes ramifications de sa vie. Il devra porter une attention particulière à sa façon de se présenter aux autres, à son apparence, à la qualité de son expression et au raffinement d'une façon générale. Il pourra avantageusement se poser la question de ce qu'il peut « embellir », harmoniser ou rendre plus confortable et agréable pour lui-même ou pour les autres. Une forme de confusion peut naître du choix d'être conforme à la famille, aux conventions et la culpabilité d'être soi. C'est à l'origine d'une ambivalence fréquente qui conduit souvent les natifs à un sentiment d'obligation, de responsabilité, voire de fardeau et, tel un sacrifice, à l'abandon progressif de leurs propres désirs. Leur sens des responsabilités et leur per-fectionnisme les rendent, la plupart du temps, inaptes à déléguer. Il leur faudra passer derrière les autres, pour, dans certains cas, se rendre indispensable. L'origine d'un tel comportement se trouve souvent dans l'amour et le narcissisme : ils ont besoin d'aider, d'accompagner, de rendre service pour être aimé. Ce besoin de porter assistance, de soutenir tourne parfois à l'ingérence. Certains deviendront hypocondriaques surtout s'il y a un lien avec le 1er prénom ou la case du mode physique qui parlent de la santé. Chemin qui mène souvent à des réflexions relatives à l'amour de soi et des autres, au souci de plaire et à la stabilité des relations... Importance de la vie affective dans l'équilibre du sujet. On tombe, dans certains cas, souvent amoureux sous cette vibration.

Aspects caractéristiques : enfant qui évolue dans une famille en déséquilibre ou dans laquelle les parents sont divorcés, se disputent ou perturbent la quiétude personnelle et l'harmonie générale. Parents irresponsables qui obligent le natif à prendre les responsabilités du foyer. Différence de niveau sociale ressentie avec l'environnement créant une baisse ou une hausse de l'estime personnelle. Parents attirés par le faste, le luxe, les parfums, les grands restaurants, les belles matières… ou au contraire, désintérêt pour la beauté, le raffinement. Personne en quête de l'amour parfait. Questions fréquentes sur l'importance des sentiments et de la vie amoureuse.

Qualités attendues : gentillesse, générosité, engagement, amour de soi, acceptation, expression des émotions, créer l'harmonie, l'équilibre, incarner le sens du beau et du raffinement. Responsabilité. Diplomatie, indulgence, apaisement, paix. Tendre vers la qualité des relations et des biens.

Écueils à éviter : se comparer aux autres. Peser trop longtemps le pour et le contre. Indécision. Se conformer aux injonctions familiales. Devenir trop exigeant au point de manquer les occasions d'épanouissement ou de retour à l'équilibre. Sélectivité trop importante, paresse, indolence, refus de l'engagement, haine, violence, indifférence, ingérence, assistanat, jalousie.

CHEMIN DE VIE 7 : chemin de vie dont les circonstances vont favoriser la vie intérieure. Le natif est invité à développer la prise de conscience personnelle et à s'orienter vers la recherche « spirituelle » ou une démarche méditative de son choix. Il est amené à découvrir, par le biais de l'introspection, ce qui fait son originalité et ce qui le différencie des autres. Le natif devra apprendre à faire le vide en lui. Il tirera avantage des situations qui l'obligent à prendre du recul, à s'interroger, à observer, à effectuer un examen de conscience. Les moments de solitude lui offriront cette possibilité. C'est une route qui permet de découvrir des vérités ou des horizons que d'autres ne perçoivent pas. Il développera une certaine acuité intellectuelle. Le but étant l'intériorisation et l'approfondissement de la conscience ainsi que l'accès à une certaine sagesse. Les natifs qui suivent ce chemin, vivent parfois des périodes d'isolement plus ou moins subies. La philosophie, la psychologie, la numérologie et tout ce qui permet de porter un regard attentif sur soi leur seront d'une aide inestimable. De même que le silence favorisera le détachement et le vide intérieur. Sur le plan relationnel le natif pourra rencontrer des difficultés à être sur la même longueur d'ondes, à penser de la même manière que ses contemporains. Il est souvent en décalage ou développe des idées inconnues, non admises ou considérées comme insolites et inattendues par la plupart d'entre nous. Cela peut générer des incompréhensions et le tenir à l'écart d'une vie sociale car il défend farouchement son indépendance d'esprit. Il peut se sentir marginal et ne saura plus comment aller vers les autres. Parfois très orgueilleux, il les regarde de très haut. Certains se sentent incompris. Il leur faudra privilégier les liens et les affinités intellectuels. Ceux-ci leur permettront de s'enrichir au contacts de personnes susceptibles d'éclairer leur pensées... Les stages d'études, les formations seront propices au développement personnel et à la compréhension de soi et des autres. Des opportunités d'avancement personnel en découlent souvent. Certains remettent tout en cause et pensent détenir la seule vérité. Ils ne croient en rien, manquent d'ouverture et ont du mal à se remettre en question. Le dialogue devient difficile. Peu à peu, l'entourage se fait distant, les contacts se font rares. Le sujet fait cette fois-ci le vide autour de lui et vit sa différence dans son aspect le plus sombre et déprimant. L'indépendance et la différence se transforment en solitude et en indifférence. Il est parfois nécessaire de dépasser un complexe d'infériorité. Il est recommandé au natif de ne pas se sous-estimer et de retrouver la foi en lui-même.

Aspects caractéristiques : attrait pour la connaissance et la culture. Solitude imposée ou sujet délibérement solitaire. Difficulté à vivre ou à exprimer sa tendresse et son affectivité. Confusion mentale. Soucis relationnels. Sujet qui n'exprime pas ses talents. Personnage méprisant. Omniscient, omnipotent. Identification à un Dieu. Sentiment de persécution. Personne qui veut être en « dehors des autres ». Paranoïa.

Qualités attendues : réflexion, étude, discipline intérieure, recherche de compréhension, sens de l'observation, lucidité, concentration, saine démarcation, originalité, indépendance, ouverture d'esprit, contemplation.

Écueils à éviter : repli sur soi, états d'âme, mélancolie, refus du quotidien et éloignement des contingences matérielles, critiques, refus des réalités, utilisation des capacités intellectuelles pour critiquer ou tout remettre en question, misanthropie, distant, hautain, prétentieux, complexe de supériorité. Peur de l'échec.

CHEMIN DE VIE 8 : chemin de vie dont les circonstances vont favoriser le développement d'un caractère fort, courageux et ambitieux. Le natif aura l'opportunité de construire sa vie de façon solide. Il aura pour cela l'obligation de se montrer déterminé, puissant, combatif sans pour autant se montrer tyrannique ou autoritariste. Il devra faire bon usage de sa force, sans abus de pouvoir ni manipulation. Il appréciera les personnes énergiques et celles qui savent s'affirmer. Il devra apprendre à s'imposer en respectant les valeurs de la justice et de l'intégrité. Il pourra favorablement mettre sa force et son courage au service des plus faibles tout en considérant qu'il n'est pas lui-même invulnérable. Il ne devra pas dénier ses faiblesses. Le sujet vivra des périodes de transformations profondes au cours de sa vie dont l'objectif est de lui permettre d'atteindre une meilleure maîtrise de lui-même. Il aura souvent à faire face à des obstacles et vivra des rapports de force qu'il devra surmonter courageusement. Il aura la sensation que rien ne s'obtient facilement et que la vie est un éternel combat. Il lui sera utile de comprendre qu'il n'est pas nécessaire de se montrer fort en toutes circonstances pour se faire respecter ou aimer. Il devra apprendre à exprimer ses sentiments et sa sensibilité qu'il a tendance à considérer comme des faiblesses. Épreuves possibles, accidents.

Aspects caractéristiques : contrôle ses relations par la force ou la colère, manque de douceur ou de tendresse pendant l'enfance, sensibilité non exprimée avec le partenaire, parents autoritaires, dominateurs qui refusent les états d'âme, la tristesse. Comportement excessif, coléreux. Aléas financiers, transformations fréquentes, morts symboliques, insécurité, guerre, devoir de résistance, climat de violence. Violence retournée contre soi (masochisme). Rencontre de personnes sadiques. Personnage frustré, incapable de se défendre ou de s'affirmer. Pratique d'un sport de combat.

Qualités attendues : volonté, énergie, courage, sensibilité, esprit de conquête, franchise, détermination, effort, engagement, autorité, audace, combativité, capacité à se défendre, intégration active dans le monde, discipline.

Écueils à éviter : amour excessif de l'argent, abus de pouvoir, jalousie, violence physique ou psychologique, entêtement, impulsivité, tension, rancune, dureté, agressivité, brutalité, irascibilité, cruauté, non respect de l'autorité, esprit destructeur, apathie, impassibilité, abandon, manque de réaction et d'énergie.

CHEMIN DE VIE 9 : chemin de vie dont les circonstances vont favoriser l'apprentissage du détachement et l'éloignement progressif des désirs égotiques. Le natif pourra très tôt être soumis à des ruptures, à des fins certaines et des séparations imposées. Le natif tirera avantage à mettre ses motivations personnelles au service du collectif sans toutefois s'oublier ou faire preuve d'une totale abnégation. Il devra malgré cela s'engager sans attendre en retour, sans quête de reconnaissance, de gloire ou d'une quelquonque renommée. L'égo doit être relativisé et tendre vers l'humilité. Une popularité n'est cependant pas à exclure mais peut se faire dans un cercle restreint. Il devra mettre en avant ses qualités d'ouverture, sa sensibilité, sa compassion, sa générosité… Ses actions devront trouver résonnance dans les valeurs d'humanité, de don de soi et de fraternité. En ce sens, il pourra servir d'exemple. Il est souvent « enseignant » sans même sans rendre compte. Une notion de communautarisme peut gêner l'enfant dans l'affirmation de son individualité. Souvent, ce sont les intérêts d'une communauté ou d'un groupe dans lequel l'enfant évolue qui priment sur ses besoins et ses intérêts personnels. Il est souvent asservit à la nécessité de partage, que ce soit dans le domaine de son espace personnel ou encore de ses biens matériels. Peut-être est-il né dans une famille nombreuse ou était-il au contraire l'enfant unique qui n'a pas eu besoin ou n'a pas appris à partager ? Adultes, certains font le choix de ne rien posséder ou se contentent de peu. Ils ont définitivement tiré un trait sur les possessions et la propriété tant convoitées par les 8. Le communautarisme peut aussi mener au formatage et à l'enfermement dans certaines formes de culture ou d'identité sociale, religieuse, ethnique… surtout si 4 sur CI 9. Le natif peut se sentir alors enclavé dans un schéma, une carte du monde qui s'impose à lui mais qu'il ne reconnaît pas. Cela nuit à son ouverture sur le monde, à la découverte et la compréhension d'autrui ainsi qu'à son adhésion à la notion d'universalité. L'être peut se sentir bloquer dans un modèle, une classe sociale, une religion… Il cherchera à s'en détacher, à s'élever, à s'ouvrir à d'autres horizons, à améliorer sa condition et à développer des valeurs personnelles délestées des conditionnements familiaux et sociaux. Très souvent, le sujet subit dans sa progression et son évolution l'influence d' événements extérieurs et collectifs sur lesquels il n'a aucune emprise. Ils peuvent être d'ordre social, financier, professionnel... Nombreux sont ceux qui aiment se cultiver et élargir l'éventail de leurs connaissances. Ils apprécient généralement découvrir. D'autres développent une imagination remarquable.

Aspects caractéristiques : le sujet peut naître dans une famille nombreuse et qui l'empêche de vivre sa singularité. Environnement (lieux, personnes, cadre de vie...) médiocre, étroit, misérable et que le natif trouve déplorable... Sujet qui peut avoir des difficultés à trouver sa voie, son chemin. Personnage qui voit grand ou qui idéalise sa vie. Esprit romanesque, qui rêve d'aventure. Besoin de merveilleux. Attirance pour les sujets fantastiques, qui font rêver et qui éloignent le natif de la réalité. Sujet qui aime comprendre au-delà des apparences. Approche métaphysique de la vie. Spéculations intellectuelles sur des choses abstraites qui n'aboutissent pas à une solution concrète des problèmes réels.

Qualités attendues : ouverture, culture, sociabilité, générosité, altruisme, disponibilité, sincérité, tolérance, détachement, transmission, idéal, conseil, guidage, fraternité, compréhension, goût de l'évasion, don de soi, curiosité (3x3=9). Développement. Grandeur.

Écueils à éviter : irréalisme, intolérance, égoïsme, désordre et flou intérieurs, utopie, naïveté, misanthropie, isolement, haine, hyperémotivité, doute, champ de conscience étroit, manque d'ouverture, d'élévation et d'envergure dans les projets. Médiocrité, mesquinerie.

ÉTAPE N°17

LE NOMBRE CENTRAL

Le nombre central est souvent confondu avec un autre nombre que certains numérologues appellent nombre unique, nombre axial, nombre de croissance, nombre de la maturité ou encore nombre de vie qui est déterminé par l'addition du nombre de l'expression avec celui du chemin de vie. Le nombre Central est différent. C'est un paramètre qui influence à la fois la personnalité et le « destin » du sujet. C'est « un nombre personnel et unique qui résume à lui seul notre identité cosmique », affirmait Jean-Daniel FERMIER. Il révèle le comportement de l'homme dans la vie, vers quoi il peut tendre et à quoi il peut prétendre ou accéder. Il détermine la forme que prendra concrètement le destin et les réalisations fondamentales du sujet.

CALCUL DU NOMBRE CENTRAL

Le nombre central se trouve en additionnant la valeur du nombre d'**expression du premier prénom** et du **nom de famille** à celle du **chemin de vie**. Une fois encore, on ne réduit aucun nombre par avance.

Pour J. CHIRAC nous obtenons : **49** (valeur non réduite du nombre d'expression du premier prénom) **+ 32** (valeur non réduite du nombre d'expression du nom de famille) **+ 1972** (valeur non réduite du chemin de vie) **= 2053** = 2+0+5+3 = **10** = **1**.

Le nombre central de Jacques CHIRAC est **1**.

INTERPRÉTATION DU NOMBRE CENTRAL

Nombre central 1 : énergie, indépendance, direction, autorité, décideur qui cherche à réussir. Vie souvent active et faite de projets individuels. Favorable aux ambitions et à la création. Évolution à travers les actions personnelles et les initiatives. Parfois, oppositions fortes et nécessité de s'affirmer.

Nombre central 2 : sensibilité, dépendance, remise en question. Vie liée à la vie de couple, aux alliances. Forte émotivité. Stabilité et vie au calme recherchées. Évolution à travers les associations. Risque de ne pas s'affirmer par manque d'initiative et possible tendance à se maintenir dans l'ombre. Importance de la mère et de la maternité. Imagination. Accompagnement.

Nombre central 3 : besoin d'être apprécié, sens du contact. Importance de la communication, de l'expression et de la confiance. L'expression personnelle est un aspect important dans le destin du natif. L'évolution est plutôt favorisée et la réussite des projets facilitée. Opportunités multiples. Évolution à travers une vie sociale riche. Parfois, orgueil, sentiment de supériorité, esprit critique et polémique. Recherche les honneurs.

Nombre central 4 : il sera nécessaire au natif de travailler dur, avec sérieux et efficacité. Il cherchera à construire durablement. Il devra se montrer persévérant car les choses ne lui sont pas acquises facilement. Importance du maintient de la place du sujet dans le déroulement de son destin. Importance également du temps et des délais. Changement et évolution dans le travail. Parfois blocage ou arrêt dans les désirs d'ascension sociale.

Nombre central 5 : liberté personnelle, mobilité, découvertes. Importance de l'aventure et des changements sur le parcours du natif. Besoin d'activités physiques. Importance de la sexualité. Évolution à travers les mutations, les transformations dans les divers secteurs de la vie. Fuite, irresponsabilité, nomadisme professionnel... Capacité d'animation.

Nombre central 6 : personnage qui doit admettre la pleine responsabilité de sa vie. Le natif doit être à la recherche de l'harmonie et du bonheur. Importance des choix personnels sur le destin en particulier dans le domaine professionnel. Influence de l'amour et du foyer. Immense besoin de reconnaissance. Le natif peut se mettre dans les corvées et les servitudes. Évolution à travers les échanges, la douceur, la médiation et la conciliation.

Nombre central 7 : vie intérieure, connaissance, démarcation. Importance de l'originalité, de l'indépendance qui conduit parfois le natif à un certain isolement. Des éléments nouveaux, de brusques imprévus peuvent venir libérer le natif et l'ouvrir à d'autres horizons. Développements et revirements inattendus. Contestations, rebellions possibles. Évolution à travers la spiritualité. Paranoïa. Personne souvent trop détachée des autres, peu en phase ou qui manque d'empathie.

Nombre central 8 : énergie, combativité, ambition, désir de réussite sociale, sens de la carrière, sexualité. Nécessité de trouver l'équilibre. Le sens de la mesure doit être recherché en tout domaine. Influence des organismes officiels, de l'administration et de la justice. Évolution à travers des contextes financiers.

Nombre central 9 : ouverture à la collectivité, voyages de l'esprit. Intérêt pour la connaissance et la transmission des savoirs. Destin qui mène à de grands projets ou aux rêves. Ce nombre génère parfois un véritable brouillard existentiel. Parfois, notoriété, succès public. Passion, exaltation.

> **SYNTHÈSE N° 7**
>
> **Nombre du chemin de vie 1 et nombre central 1.**
>
> La synthèse est ici facile à réaliser. Les énergies sont les mêmes et vont par conséquent dans la même direction. Elles convergent donc vers des aspects d'autorité, de confiance, de leadership. Deux nombres identiques qui signalent aussi des excès. Ici, l'égo est renforcé, l'orgueil est très marqué. La volonté, l'engagement et l'assurance sont aussi des qualités bien présentes qui ont permis à Jacques CHIRAC de s'affirmer et de développer une indépendance personnelle. Un bon esprit d'initiative l'a conduit à mener des projets audacieux.

ÉTAPE N° 18

LES DÉFIS DU CHEMIN DE VIE

DÉFINITION

Les défis sont liés soit à un manque, soit à un excès. Ils peuvent représenter à la fois :

- des difficultés liées à la personnalité du sujet ;
- des obstacles à l'expression du nombre en question ;
- des freins psychologiques ;
- un refus d'intégration de l'énergie ;

- des climats et des circonstances restrictives ;
- des blocages d'ordre conjoncturels ;
- des messages à comprendre, des efforts à consentir ;
- des valeurs à intégrer ;
- des qualités et des compétences à acquérir ;
- des ralentissements ;
- des excès, une dispersion des énergies et des ressources ;
- des blocages qui naissent d'interactions sociales, familiales ou professionnelles ;
- des entraves provoquées par un tiers…

Dans tous les cas, ils sont également source d'opportunités et de possibilités de croissance personnelle.

Ne réduisez jamais les éléments de la date de naissance pour faire vos calculs. Cela conduit, dans certains cas à des résultats erronés. Lorsqu'on obtient un défi 0, il faut considérer l'origine du calcul. Exemple : 3 – 3 = 0. Pour rappel, le 0 est un potentiel à faire naître. Ici le sujet tournera dans la problématique du 3 qu'il lui faudra exprimer de manière équilibrée. Donc, d'une certaine manière, il sera contraint aux impératifs du défi 3 et sera aussi accompagné vers les opportunités de croissance qu'il propose.

CALCUL DES DEFIS

Défi 1 : jour de naissance non réduit - mois de naissance non réduit ou inversement. Réduire ensuite le résultat à un seul nombre. Il est en vigueur pendant la période couverte par le premier cycle de réalisation.

Défi 2 : année de naissance non réduite – jour de naissance non réduit. Réduire ensuite le résultat à un seul nombre. Il est en vigueur pendant la période couverte par le deuxième cycle de réalisation.

Défi 3 : 2ème défi – 1er défi en tenant compte de la valeur non réduite issue de ces données. Réduire ensuite à un résultat à un seul nombre. Il est en vigueur pendant la période couverte par le troisième cycle de réalisation.

Défi 4 : année de naissance non réduite – mois de naissance non réduit. Réduire ensuite à un nombre unique. Il est en vigueur pendant la période couverte par le quatrième cycle de réalisation.

Défi 5 : défi 4 – défi 3 toujours en tenant compte des valeurs non réduites. Réduire ensuite à un nombre unique. Il est en vigueur pendant toute la période couverte par le cinquième cycle de réalisation.

▶ **Le défi 3 est aussi appelé défi majeur.** Il est en vigueur pendant toute la durée du chemin de vie.

Exemple pour illustrer la nécessité de ne pas réduire les éléments de la date de naissance. Prenons le cas d'une personne née le 08 août 1973. Si nous réduisons les éléments de la date de naissance nous obtenons 8/8/2. Avec ces données les défis sont :

- **défi 1 :** 0 --> 8 (8-8) ; donc en réalité, un défi 8 ;
- **défi 2 :** 6 (8-2) ;
- **défi 3 :** 2 (8-6) : on considère que le 1er défi est égal à 8 et non 0 ;
- **défi 4 :** 6 (8-2) ;
- **défi 5 :** 4 (6-2).

En conservant la valeur non réduite des éléments de la date de naissance nous obtenons les résultats suivants :

- **défi 1 :** (0) --> 8 (8-8) ; donc en réalité, un défi 8 ;
- **défi 2 :** 3 (1973-8=1965=21=3) ;
- **défi 3 :** 22/4 (1965-8=1957=22=4) : le premier défi est égal à 8 ;
- **défi 4 :** 3 (1973-8=1965=21=3) ;
- **défi 5 :** 8 (1965-1957=8).

Par ailleurs, la non réduction permet d'obtenir les défis 9, 11 et 22, chose impossible à réaliser avec les nombres réduits. Cette méthode « sort un peu des clous » mais elle est très pertinente.

Les défis de la date de naissance de Jacques CHIRAC :

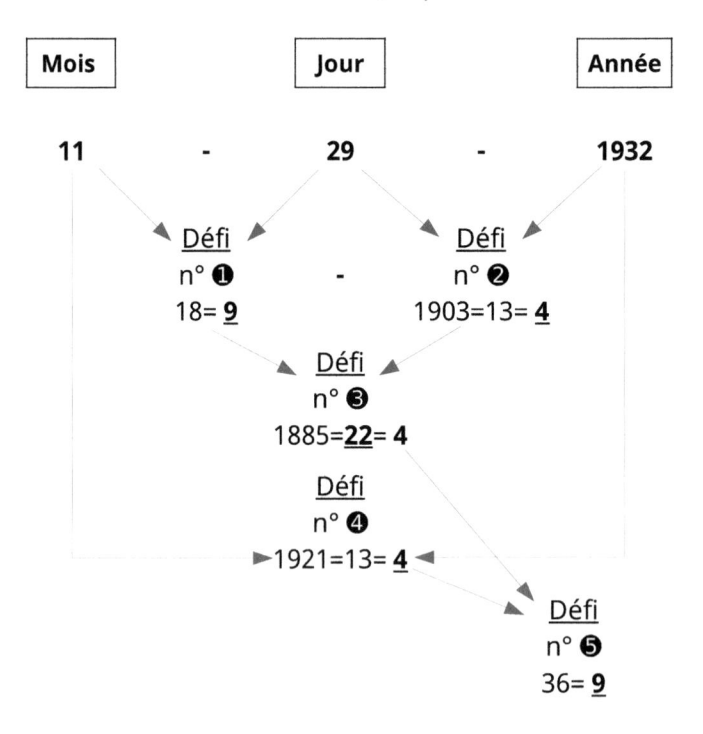

Mois	Jour	Année
11	29	1932

Défi n° ❶
18= **9**

Défi n° ❷
1903=13= **4**

Défi n° ❸
1885= **22** = 4

Défi n° ❹
1921=13= **4**

Défi n° ❺
36= **9**

- **Défi 1 :** 9 (29-11) ;
- **Défi 2 :** 4 (1932-29=1903=13=4) ;

- **Défi 3 :** 22/4 (1903-18=1885=22);
- **Défi 4 :** 4 (1932-11=1921=13=4);
- **Défi 5 :** 9 (1921-1885=36=9).

INTERPRÉTATION DES DÉFIS

Ne retenez pas l'ensemble du texte dans vos analyses. Une sélection des cas de figures cités est nécessaire afin de viser au plus juste ! Étudiez le thème dans sa globalité afin d'envisager les meilleures conclusions. Pas de précipitation. Prenez le temps de sonder la personnalité du sujet tout en laissant parler votre bon sens et votre intuition. Un défi est un challenge. Il représente donc toujours des opportunités de croissance.

■ **Défi 1 :**
avant tout : donne des opportunités de croissance dans le domaine du 1. (voir le symbolisme général).

Autres cas de figure envisageables : obstacles dans les réalisations et les initiatives personnelles ou difficultés à ne compter que sur soi. Manque d'audace, de volonté, d'autonomie. Dépendance. Tendance à se déprécier. Soumission à l'autorité. Manque d'ambition. Difficulté à se fixer des objectifs et à affronter l'adversité. Besoin excessif de reconnaissance. Veut briller et être dans la « lumière ». Sujet parfois envahissant. Égoïsme, autorité abusive. Désir de domination. Vanité. Esprit de compétition exacerbé. Susceptibilité. Se sent persécuté. Paranoïa. Mégalomanie. Parfois inhibition. Potentiel créatif non manifesté. Se dispense d'action... Peut rester ancré dans la problématique du 9 (oubli de soi, être « noyé » dans le goupe...) ou s'orienter vers les aspects négatifs du 2 (dépendance, soumission...).

- **Défi 2 :**

avant tout : donne des opportunités de croissance dans le domaine du 2. (voir le symbolisme général).

Autres cas de figure envisageables : potentielles difficultés relationnelles. Manque de sensibilité et de considération pour autrui ou au contraire, hypersensibilité. Conflits. Sens de l'accueil à développer. L'humilité, la modestie font parfois défaut. Peu enclin à soutenir, partager et assister. Difficulté à exprimer les émotions et les sentiments. Peur de ne pas être aimé. Frustration affective. Avidité affective. Trop fusionnel. Complexe d'abandon. Dépendance parfois imposée. Manque de confiance. Baisse facilement les bras. Apathique. Mise en retrait. Hésitations permanentes. Besoin de prise en charge. Attachement excessif. Timidité. Paresse. Complexes d'exclusion et de sevrage. Souhaite parfois manifester les qualités du 1 en devenant « leader ». Refus de l'effacement et de la discrétion. Difficultés à trouver un refuge ou une intimité. Peut rester ancré dans la problématique du 1 (désir de domination…) ou s'orienter vers les aspects négatifs du 3 (caprices, immaturité, paresse…).

- **Défi 3 :**

avant tout : donne des opportunités de croissance dans le domaine du 3. (voir le symbolisme général).

Autres cas de figure envisageables : entrave dans l'expression d'un don. Manque de créativité et de légèreté. Vocation contrariée. Restriction dans la valorisation du sujet et frein à son expression. Nécessité de ne pas avoir peur de se montrer, d'exprimer ce que l'on est, de se mettre dans la lumière. Refus des relations superficielles. Sociabilité très sélective. Personnalité taciturne, timide ou repliée sur elle-même. Peut s'ennuyer et se montrer défaitiste. Pessimisme. Optimisme et enthousiasme à développer. Parfois incapacité à jouir de la vie ou à exprimer de la joie. Tendance à la dispersion des énergies. Parfois comédien, extravagant, agité. Immaturité. Manque d'authenticité. Nervosité. Sentiment de supériorité, vantardise si le thème le confirme. Complexe de rivalité. Important besoin d'encouragements et de reconnaissance. Vanité, esprit critique et polémique, besoin de paraître... naïveté fréquente. Atteinte de l'image, victime de mensonges, de critiques, de jalousies, de calomnies et de trahisons. Peut rester ancré dans les problématiques du 2 (difficultés relationnelles, manque de confiance, dépendance au regard d'autrui, vie dans l'ombre de quelqu'un, envie de se fondre dans la masse, manque d'enthousiasme, manque de stimulation, introversion, besoin excessif d'attention...) ou s'orienter vers les aspects négatifs du 4 (manque d'ouverture, sévérité, austérité, esprit peu jovial ou festif...).

- **Défi 4 :**

avant tout : donne des opportunités de croissance dans le domaine du 4. (voir le symbolisme général).

Autres cas de figure envisageables : sujet inquiet quant à l'avenir. Refus des cadres et difficultés avec les systèmes hiérarchiques. Blocage dans le travail. Sujet prisonnier de ses principes. Incapacité à se remettre en question. Sujet sclérosé, routinier, qui passe à côté d'occasions par manque d'ouverture et d'initiative. Trop sérieux, manque de fantaisie. Horizons trop limités. Individu qui vit dans la frustration et la médiocrité. Potentiel manque de concentration ou d'organisation. Parfois paresse, découragement, négligence ou au contraire maniaquerie. Manque de patience (surtout avec expression 1, 3, 5 ou 11). Complexe de culpabilité et d'insécurité. Peu démonstratif s'il y a un lien avec la case du mode « affectif » ou le 2ème prénom. Difficulté à s'ouvrir. Peurs diverses. Immaturité. Travail difficile ou pénible. Peut rester ancré dans la problématique du 3 (dispersion, immaturité...) ou s'orienter vers les aspects négatifs du 5 (instabilité, manque d'organisation...).

■ **Défi 5 :**
avant tout : donne des opportunités de croissance dans le domaine du 5. (voir le symbolisme général).

Autres cas de figure envisageables : difficulté à s'adapter à la nouveauté. Manque d'ouverture. Refus de la liberté de l'autre, possessivité. Manque d'espace, d'air, liens oppressants. Irresponsabilité, instabilité. Épris de liberté. Refus des codes et des règlements. Hors la loi, rebelle. Dispersion, impatience, agitation. Refus de s'ancrer, de se positionner fermement. Refus de l'engagement. Abus des libertés. Volage. Verbiage. Attachement au passé. Refus de rendre des comptes. Indépendance impérative. Paresse. Peut rester ancré dans la problématique du 4 (fixité) ou s'orienter vers les aspects négatifs du 6 (refus de s'attacher ou de s'engager...).

■ **Défi 6 :**
avant tout : donne des opportunités de croissance dans le domaine du 6. (voir le symbolisme général).

Autres cas de figures envisageables : recherche d'équilibre et hésitations permanentes. Grand besoin d'être valorisé et d'être aimé. Difficulté à donner une impulsion dans une direction précise, indécision. Exigence et perfectionnisme à l'égard des proches et dans la vie professionnelle. Syndrome de l'hyper-responsabilité, porte trop ou supporte trop au détriment de sa santé et de son bien-être. Sens du devoir exacerbé. Comportement invasif, excessif. Tendance à l'ingérence. Esprit peu conciliant. Manque de diplomatie. Difficultés en famille. Amour compliqué. Besoin maladif de conseiller, d'administrer. Besoin de contrôler. Peu concerné par l'esthétique et le confort. Attachement excessif au confort. Grande possessivité, jalousie. Peur d'aimer et d'exprimer des sentiments. Soumission aveugle aux conventions. Tolérence excessive, complaisance. Choix dommageables. Tendance à se comparer, à se dévaloriser. Insatisfactions. Complexe de Narcisse. Peut rester ancré dans la problématique du 5 (besoin de liberté et refus des responsabilités...) ou s'orienter vers les aspects négatifs du 7 (sécheresse affective, refus de se lier, d'appartenir à un groupe, de fonder une famille...).

- **Défi 7 :**
avant tout : donne des opportunités de croissance dans le domaine du 7. (voir le symbolisme général).

Autres cas de figure envisageables : sectarisme en matière de connaissances, manque d'ouverture. Besoin de s'isoler du monde ou de se distancier physiquement ou mentalement. Peur de l'ingérence et de l'envahissement affectif ou émotionnel. Fuite des réalités. S'invente sa propre réalité. Esprit matérielle et rejet du spirituel. Désintérêt pour l'introspection. Crainte de l'isolement. Difficultés à comprendre autrui. Complexe d'infériorité. Manque de confiance. Difficulté à trouver sa singularité, son originalité. Rejet des conventions. Extravagance. États dépressifs, solitude. Sombre dans les paradis artificiels (drogues, alcool, télévision, jeux, retrait volontaire du monde réel...). Manque de lucidité, de discernement. Secret, méditation. Pauvreté. Inhibition. Peut rester ancré dans la problématique du 6 (difficultés à exprimer ses émotions, ses sentiments, à s'attacher...) ou s'orienter vers les aspects négatifs du 8 (matérialisme, dictature, autoritarisme...).

- **Défi 8 :**
avant tout : donne des opportunités de croissance dans le domaine du 8. (voir le symbolisme général).

Autres cas de figure envisageables : équilibre précaire, difficulté à maintenir une stabilité sur le plan des finances. Amour immodéré pour l'argent ou au contraire désintérêt et mauvaise gestion des biens matériels. Agressivité ou comportement violent exprimés ou subits. Colère qui empêche de progresser. Nécessité de libérer sa rancœur. Environnement pervers, castrateur ou qui génèrent de la souffrance. Envie de vengeance. Caractère belliqueux. Difficulté à concrétiser les projets ou manque d'ambitions. Ne croit pas en sa puissance. Ne parvient pas à croire en ses forces ou n'a pas conscience de sa force. Manque d'énergie. Intense besoin de sécurité (4+4=8). Peut rester ancré dans la problématique du 7 (désintérêt pour l'aspect matériel, refus du quotidien, fuite des réalités terrestres) ou s'orienter vers les aspects négatifs du 9 (manque de réalisme, manque de maturité, crédulité, inappétence, rêves, illusions…).

- **Défi 9 :**

avant tout : donne des opportunités de croissance dans le domaine du 9. (voir le symbolisme général).

Autres cas de figure envisageables : personne qui rêve d'un « ailleurs », de s'éloigner de son milieu d'origine, de s'évader pour lui permettre d'évoluer dans un cadre plus large. Parfois, il imagine que le bonheur se trouve ailleurs. Il peut vouloir en finir avec certaines situations sans y parvenir vraiment. Il peut vivre des attachements forts mais devra apprendre le détachement. Il peut être dans l'obligation de rompre avec certaines situations pour évoluer. Il peut avoir un idéal trop élevé pour pouvoir l'atteindre et vivre dans l'utopie et les rêves stériles. Indique parfois un caractère évasif et flou. Il peut être capricieux. Il peut vivre des dénouements en sa défaveur, des ruptures de liens fragiles. Complexe d'Œdipe. Dans certains cas, sa vision du monde est trop restreinte et pénalise ses possibilités d'épanouissement. Il doit s'ouvrir à une vision collective. Peut rester ancré dans la problématique du 8 (matérialisme, avidité, possession) ou s'orienter vers les aspects négatifs du 1 (difficulté à se fixer des objectifs, à s'affirmer, recherche de prestige...).

- **Défi 11 :**

avant tout : donne des opportunités de croissance dans le domaine du 11. (voir le symbolisme général).

Autres cas de figure envisageables : cherche à s'imposer à tout prix, despotisme, caractère brutal, domination, nerveux, surmené, autoritaire, impatient. Ou : manque d'autorité, caractère « mou » qui s'accomode mal des circonstances, n'utilise pas ou n'a pas conscience de son magnétisme, n'a aucun projet d'envergure, ne s'impose pas assez...

- **Défi 22 :**

avant tout : donne des opportunités de croissance dans le domaine du 22. (voir le symbolisme général).

Autres cas de figure envisageables : folie des grandeurs, projets irréalisables, aveuglement ou au contraire manque d'envergure, d'élévation, d'aspirations élevées, de grands projets. Esprit nombriliste et peu tourné vers les valeurs collectives, humanistes et universelles. Puissance de travail en berne, manque d'ambition. Complexe de castration.

COMMENT DÉTERMINER LA TENDANCE PLUTÔT À L'EXCÈS OU À L'INSUFFISANCE D'UN DÉFI ?

Tout est question d'équilibre. Prenons l'exemple du défi 6. Imaginons un thème faisant ressortir des carences fortes en termes d'autorité et de combativité, donc un thème peu structuré en énergies dites « masculines » ou « yang » (1 et 8 par exemple) avec présence, par ailleurs, d'énergies dites « féminines» ou « yin » telles que le 2 ou le 9 qui font passer les besoins d'autrui avant les leurs. On pourra conclure que le sujet est particulièrement sujet à trop de tolérance ou de compréhension. Il se montrera complaisant. Il pourra tout accepter des autres et se soumettre à de multiples fardeaux sans réagir. Au contraire, sur un thème fort en énergies « masculines » (1 et 8 par exemple), le défi 6 sera le défi de l'intolérence, de l'exigence, du perfectionnisme, d'une tendance à accabler les autres, d'un penchant tyrannique et d'un manque évident de tolérance. Le trait est ici volontairement « grossit » mais cette forme de comportement existe malgré tout. On ne tient pas ce style de propos pendant une consultation afin de ne pas heurter le sujet. Nous devons nous imposer une certaine réserve et favoriser le tact et la diplomatie. Cela peut vous être utile pour effectuer l'analyse et pour bien comprendre à qui vous avez à faire, mais il est conseillé de mettre avant tout l'accent sur les qualités du natif et faire preuve de modération à l'évocation d'éventuelles failles de ce genre. Vous devez sentir votre consultant ouvert à cet exercice. Nombreuses sont les personnes qui ne reconnaissent pas leurs défauts, pourtant bien réels. Une certitude, nous en avons tous ! Avec l'expérience, vous apprendrez à cerner les personnes les plus ouvertes à la connaissance de soi et celles qui cherchent à masquer (porter un masque social) leurs imperfections.

Autre exemple avec un défi 3. Si le thème est plutôt fermé en termes de communication et d'extraversion cela peut être l'indication d'une certaine réserve, du dénigrement de soi, d'un personnage silencieux, éprouvant quelques difficultés à s'exprimer avec éventuellement la présence d'un complexe d'infériorité à dépasser, à compenser. Le 3 est un nombre qui aide d'une certaine manière à surmonter les difficultés, à neutraliser. Le sujet sera donc amené à développer sa sociabilité, à oser s'exprimer, à reconsidérer l'image qu'il a de lui-même. Si au contraire le thème est fort en termes de confiance et d'extraversion le défi 3 pourra signaler l'orgueil et un éventuel complexe de supériorité. Enfin, si le thème est fort en termes d'ouverture, d'optimisme, de volubilité, de communication… on pourra conclure à un défi lié à la dispersion, l'agitation, la superficialité, à un manque de sérieux, à la futilité, la comédie, la vantardise, le mensonge, le snobisme, l'enfantillage… Le sujet devra apprendre l'authenticité et éviter l'éparpillement.

« Ne prenez pas pour miroir le cristal des eaux, prenez les hommes. »

Le Chou-King

(**référence au nombre 7** – Connaissance de soi)

TABLEAU DE SYNTHÈSE en 5 phases

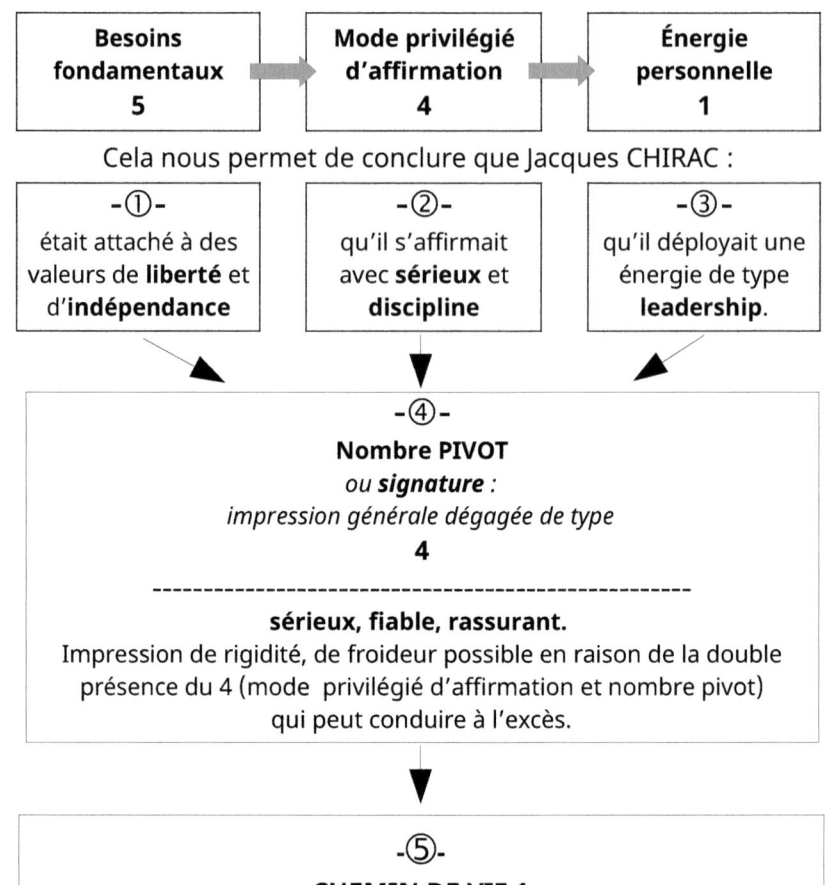

| Besoins fondamentaux 5 | ⟹ | Mode privilégié d'affirmation 4 | ⟹ | Énergie personnelle 1 |

Cela nous permet de conclure que Jacques CHIRAC :

-①-
était attaché à des valeurs de **liberté** et d'**indépendance**

-②-
qu'il s'affirmait avec **sérieux** et **discipline**

-③-
qu'il déployait une énergie de type **leadership**.

-④-
Nombre PIVOT
ou *signature* :
impression générale dégagée de type
4

---

sérieux, fiable, rassurant.
Impression de rigidité, de froideur possible en raison de la double présence du 4 (mode privilégié d'affirmation et nombre pivot) qui peut conduire à l'excès.

-⑤-
CHEMIN DE VIE 1
Il favorise : réussite, élévation, initiative, action, progression...
NOMBRE CENTRAL 1
Direction, création, affirmation...
DÉFI MAJEUR 22
En rapport avec le CV 1, il met en avant les possibilités de mener des projets d'envergures, de développer une force de travail importante et donne l'opportunité de réaliser les ambitions en lien avec le collectif.

ÉTAPE N° 19

LES SOUS-CYCLES DU CHEMIN DE VIE

DÉFINITION

Les sous-cycles du chemin de vie donnent des indications sur les aspirations du sujet et son « ressenti » pendant une période donnée. Ils prédisposent à certaines ambiances, certains climats, certains environnements. Ils décrivent les contextes dans lesquels évolue le sujet. Ils focalisent aussi l'attention du natif sur différents domaines qui lui offriront la possibilité d'élargir son champ de conscience et la perception qu'il a de son existence.

CALCUL DES SOUS-CYCLES DU CHEMIN DE VIE

Le premier sous-cycle du chemin de vie correspond à la valeur du mois de naissance réduit à un seul nombre.

Pour Jacques CHIRAC : mois de naissance = novembre. 1er sous-cycle = **11** (novembre est le 11ème mois de l'année).

Le deuxième sous-cycle correspond à la valeur du jour de naissance réduit à un seul nombre.

Pour Jacques CHIRAC : jour de naisssance = 29. 2ème sous-cycle = 29=**11**.

Le troisième sous-cycle correspond à la valeur de l'année de naissance réduite à un seul nombre.

Pour Jacques CHIRAC : année de naissance = 1932 = 1+9+3+2 = 15 = 6. 3ème sous-cycle = **6**.

Rappel : les maîtres-nombres ne se réduisent pas.

« Il n'existe pas de problèmes dans la nature, mais seulement des solutions car l'état naturel est un état adaptatif donnant naissance à un système cohérent. »

René Dubos

(**référence au nombre 5** - Adaptation)

DURÉE DES SOUS-CYCLES DU CHEMIN DE VIE

La durée des différents sous-cycles dépend de la valeur du chemin de vie. Pour un chemin de vie 9, le premier sous-cycle débute à la naissance et se termine à 28 ans. Commence alors le deuxième cycle jusque l'âge de 55 ans. Le dernier sous-cycle est effectif jusqu'à la mort. Le passage d'un sous-cycle à un autre se fait toujours lors du passage d'une année personnelle 1, sujet que l'on aborde un peu plus loin.

Référez-vous au tableau suivant pour déterminer la durée de vos sous-cycles :

Chemin de vie	Âge du début du 2ème cycle	Âge du début du 3ème cycle
1	27	54
2	26	53
3	25	52
4	24	60
5	32	59
6	31	58
7	30	57
8	29	56
9	28	55

Pour J. CHIRAC : avec un chemin de vie 1, son premier sous-cycle débute à la naissance et se termine à 27 ans. Commence alors le second sous-cycle jusque l'âge de 54 ans, âge auquel démarre le troisième sous-cycle.

INTERPRÉTATION DES SOUS-CYCLES DU CHEMIN DE VIE

Les sous-cycles sont à mettre en relation avec la valeur du chemin de vie. Il est nécessaire d'effectuer un synthèse par période. Il est également utile de vérifier s'ils correspondent à un défi ou à une intensité nulle dans l'inclusion. Enfin, il est important de rapprocher le nombre en question avec la case de l'inclusion correspondante ainsi que le report éventuel de ce même nombre sur d'autres paramètres pour en préciser l'interprétation.

Pour Jacques CHIRAC né le 29 novembre 1932 nous obtenons :

CHEMIN DE VIE 1

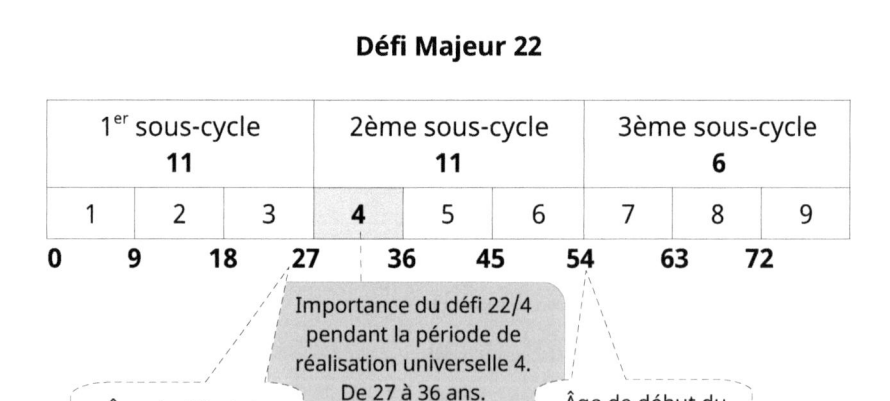

Défi Majeur 22

1ᵉʳ sous-cycle 11			2ème sous-cycle 11			3ème sous-cycle 6		
1	2	3	4	5	6	7	8	9
0	9	18	27	36	45	54	63	72

- Âge de début du 2ème sous-cycle.
- Importance du défi 22/4 pendant la période de réalisation universelle 4. De 27 à 36 ans.
- Âge de début du 3ème sous-cycle.

▶ On ne dissocie jamais, le 4 du 22, le 2 du 11, le 6 du 33... C'est la raison pour laquelle la période de réalisation universelle 4 mettra en exergue le défi majeur 22.

Les cases numérotées de 1 à 9 représentent des périodes de réalisations universelles dont la signification correspond au symbolisme général des nombres. Elles permettent entre autres de préciser certaines tranches d'âges. Pour Jacques CHIRAC, la période de 27 à 36 ans (réalisation universelle 4) mettra en lumière le défi majeur 22/4 et ses opportunités de croissance. Le défi majeur reste néanmoins en vigueur toute la vie.

SYNTHÈSE N°8

Intégration du défi majeur 22 et du 2ème sous-cycle 11.

Entre 27 et 54 ans Jacques CHIRAC était dans un sous-cycle 11. En rapport avec le chemin de vie 1 on peut conclure à de fortes tensions intérieures mais aussi à de puissantes ambitions. C'est un rapport de nombres qui indique la possibilité d'une grande réussite et apporte parfois la notoriété. Les défis, souvenez-vous, sont prioritairement source d'opportunités et de croissance avant de représenter d'éventuels écueils. En relation avec le chemin de vie 1 le défi 22 (nous étudions l'interaction 1 → 22) donne des occasions « d'accomplissements importants, parfois de premier niveau avec des répercussions internationales possibles »[7]. Dans son aspect « négatif », il souligne d'éventuels projets irréalisables et la « folie des grandeurs ». Il indique également que le sujet aura peu de temps à consacrer à sa vie privée.

Sous-Cycle 1 : climat favorable à la progression personnelle. Des opportunités seront à saisir pour apprendre à mieux se positionner et donner une direction à sa vie. Le natif aura le désir

---
[7]Voir le rapport des nombres dans : « Le livre des cycles » de J-D FERMIER aux éditions J. Grancher.

de se réaliser par lui-même et de s'imposer. Il cherchera à acquérir du charisme, à gagner en confiance. Un homme sera à la « recherche » de sa virilité. Il pourra être rebelle et vouloir défier l'autorité. Parfois, égocentrisme.

Sous-Cycle 2 : climat favorable aux rapprochements et aux ambiances paisibles. Les unions seront déterminantes dans l'évolution. Le natif aura le désir de se créer un nid. Il aura besoin de vivre un engagement sentimental durable, de s'attacher, d'être fusionnel. Le sujet aura l'opportunité de rencontrer sa sensibilité intérieure. Une femme sera à la recherche de sa féminité. Fragilité émotionnelle dans certains cas.

Sous-Cycle 3 : climat favorable aux contacts et aux relations. Le natif aura l'occasion de communiquer, de créer et d'exprimer sa spontanéité. Il aura l'opportunité de se questionner sur sa dépendance au regard des autres, et la reconnaissance qu'il en attend. Il aura le désir de vivre à travers la convivialité, l'amusement et parfois l'insouciance. Importance des enfants. Recherche de facilité.

Sous-Cycle 4 : climat favorable à la réalisation et à la concrétisation des efforts. Le sujet aura l'occasion de consolider ses acquis. Il aura un désir de stabilité et besoin de structures fixes et rassurantes. Le natif aspirera à trouver sa place et il lui sera favorable de mener une reflexion sur ses peurs et ses blocages. Parfois, milieu social et familial rigide ou ressentit comme tel. Patience nécessaire.

Sous-Cycle 5 : climat favorable à la liberté et l'indépendance. Le natif aura l'occasion d'expérimenter et de s'ouvrir à la nouveauté. Il aura le désir de se libérer des conventions et de mener une existence riche en changements et en aventures. Il s'orientera avantageusement vers les expériences qui correspondent à sa véritable nature et qui l'aideront à retrouver un équilibre. Il apprendra à s'autoriser ce qu'il s'interdit. Parfois, le sujet est livré à lui-même et sans structure stable, il « vagabonde ».

Sous-Cycle 6 : climat favorable à l'amour et à l'engagement. Le sujet aura l'occasion de vivre une vie familiale harmonieuse et de maintenir des liens positifs avec son entourage. Il aura le désir d'apporter de la beauté dans sa vie et de s'engager sentimentalement. Il aspirera à davantages de responsabilités personnelles. Il pourra favorablement s'autoriser à mettre de côté le mental et ses pensées envahissantes pour laisser place aux élans du cœur. Parfois, sujet responsabilisé trop tôt. Il sera à la recherche de ce qu'il aime.

Sous-Cycle 7 : climat favorable au développement intellectuel, à la réflexion et à la vie intérieure. Le natif aura l'occasion de développer, d'approfondir sa pensée et de comprendre les fonctionnements humains. Il aura le désir de trouver les réponses à ses questions, de se perfectionner, parfois en ressentant le besoin de s'isoler, de s'éloigner des bruits et des parasites extérieurs. Il apprendra à prendre du recul et à remettre en question les conditionnements et vérités toutes faites. C'est un cycle favorable au développement du discernement. Parfois, c'est le signe d'une enfance isolée ou de secrets bien gardés.

Sous-Cycle 8 : climat favorable au déploiement d'une grande énergie à canaliser dans des activités concrètes ou sportives. Les possibilités pour le sujet d'affirmer sa force et sa puissance seront fréquentes. Il aura le désir de développer sa volonté et de mener des projets ambitieux (à son niveau). Il pourra chercher une forme de pouvoir et de légitimité. Parfois, son impulsivité et son désir d'assurance crée de fortes tensions avec l'entourage. Le natif peut être en « guerre » avec lui-même. C'est une lutte intérieure dans laquelle il cherchera à combattre ses tensions, sa violence refoulée pour faire éclore le « héro » qui sommeille en lui. C'est parfois le signe d'un climat difficile, traumatisant, violent ou peu apaisant.

Sous-Cycle 9 : climat favorable à la réalisation d'un idéal. Le sujet aura la possibilité d'évoluer dans un cadre plus large ou plus lointain par rapport à ses origines. Il aura le désir de s'élever, d'élargir son horizon et de se développer hors des limites habituelles. Il pourra décider de couper avec un mode de vie ou rompre des liens. Son désir d'évasion sera manifeste. Il sera appelé à répondre aux nombreuses sollicitations et demandes d'aides de son entourage. Peut-être sera-t-il lui même dans cette posture. Il prendra conscience, le cas échéant, du plan collectif et universel (appartenance à un tout) ainsi que de la nécessité d'un travail sur les besoins de l'égo. Le natif se réfugie parfois dans le rêve.

Sous-Cycle 11 : beaucoup d'énergie et besoin d'affirmation impérative. Grande force intérieure et charisme personnel. Projets ambitieux. Lutte et combativité. Le sujet souhaite prendre l'ascendant et dominer les situations. Il risquera, par son côté impétueux, de créer des tensions dans ses contacts. Les émotions peuvent être vives. Intuition. Voir aussi le 2.

Sous-Cycle 22 : sujet souvent déterminé qui souhaite se réaliser à haut niveau. Il aura besoin de s'autoriser à voir grand et à apporter une dimension collective à ses projets. Parfois folie des grandeurs. Voir aussi le 4.

Sous-cycle 33 : impossible. Pas de sous-cycle 33 possible avant l'année 6999 !

ÉTAPE N°20

LES CYCLES DE RÉALISATION DU CHEMIN DE VIE

DÉFINITION :

Autant les sous-cycles représentent un climat, un environnement et une évolution des aspirations profondes, voire intime du sujet, autant les cycles de réalisation vont représenter des données externes et des obligations plus ou moins fortes, des sortes d'impératifs. Avec les sous-cycles, on situe le natif dans l'être et la quête personnelle, alors qu'avec les cycles de réalisation on le situe davantage dans le faire, dans l'avoir, dans les aspects factuels et les réalisations concrètes. Ils favorisent l'acquisition de nouvelles compétences, de nouveaux savoir-faire et contribuent au développement concret de la personnalité et ne concerne plus le domaine des idées et des aspirations comme c'est le cas pour les sous-cycles. On pourrait appeler ces cycles de réalisation, les « cycles d'engagement » car ils vont confronter le natif à des situations qui permettent de véritablement développer des aptitudes en liens avec des objectifs clairement définis. Le sujet a ici les cartes en mains !

LE CALCUL DES CYCLES DE RÉALISATION DU CHEMIN DE VIE

Rappel : on doit toujours garder la valeur entière d'un nombre. La réduction se fait invariablement au terme de l'opération.

1er cycle de réalisation : total du jour de naissance + mois de naissance puis réduction à un nombre unique.

2ème cycle de réalisation : total du jour de naissance + année de naissance puis réduction à un nombre unique.

3ème cycle de réalisation : addition du total obtenu du 1er cycle de réalisation avec le total obtenu du 2ème cycle de réalisation puis réduction à un nombre unique.

4ème cycle de réalisation : addition du mois de naissance et de l'année de naissance puis réduction à un nombre unique.

5ème cycle réalisation[8] : addition du total obtenu du 3ème cycle de réalisation avec le total obtenu du 4ème cycle de réalisation puis réduction à un chiffre unique.

> « L'imprévoyant creuse un puit quand il a soif. »
>
> Proverbe chinois
>
> **(référence au nombre 4** - Prévoyance**)**

---

[8]On considère traditionnellement 4 cycles de réalisation dans la littérature numérologique. Le 5ème cycle de réalisation a été mis en avant par Emmanuel Marseille dans son livre « 20 leçons pour apprendre la numérologie évolutive ».

Les cycles de réalisation de Jacques CHIRAC :

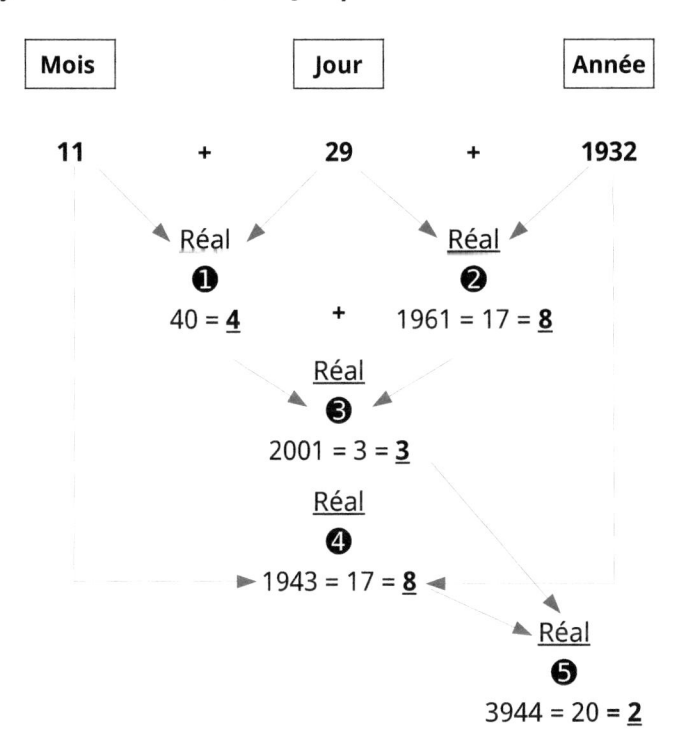

```
   Mois              Jour              Année

    11        +       29        +       1932
         ↘         ↙         ↘         ↙
          Réal               Réal
           ❶                  ❷
         40 = 4       +     1961 = 17 = 8
                  ↘   Réal   ↙
                       ❸
                   2001 = 3 = 3
                      Réal
                       ❹
                  ► 1943 = 17 = 8 ◄
                                   ↖
                                    Réal
                                     ❺
                             3944 = 20 = 2
```

- 1er cycle de réalisation = **4** (11 + 29 = 40 = 4) ;
- 2ème cycle de réalisation = **8** (1932 + 29 = 1961 = 17 = 8) ;
- 3ème cycle de réalisation = **3** (1961 + 40 = 2001 = 3) ;
- 4ème cycle de réalisation = **8** (1932 + 11 = 1943 = 17 = 8) ;
- 5ème cycle de réalisation = **2** (1943 + 2001 = 3944 = 20 = 2).

DURÉE DES CYCLES DE RÉALISATION DU CHEMIN DE VIE

La durée des cycles de réalisation dépend elle aussi de la valeur du chemin de vie.

CHEMIN DE VIE	Début du 2ème cycle de réalisation	Début du 3ème cycle de réalisation	Début du 4ème cycle de réalisation	Début du 5ème cycle de réalisation
1	36	45	54	63
2	35	44	53	62
3	34	43	52	61
4	33	42	51	60
5	32	41	50	59
6	31	40	49	58
7	30	39	48	57
8	29	38	47	56
9	28	37	46	55

Pour J. CHIRAC (chemin de vie 1) :

- 1er cycle de réalisation : de la naissance à 36 ans ;
- 2ème cycle de réalisation : de 36 à 45 ans ;
- 3ème cycle de réalisation : de 45 à 54 ans ;
- 4ème cycle de réalisation : de 54 à 63 ans ;
- 5ème cycle de réalisation : de 63 à la mort.

PRÉSENTATION DU GRAPHIQUE GÉNÉRAL DE J. CHIRAC :

CHEMIN DE VIE 1
(29-11-1932)

Défi Majeur 22/4

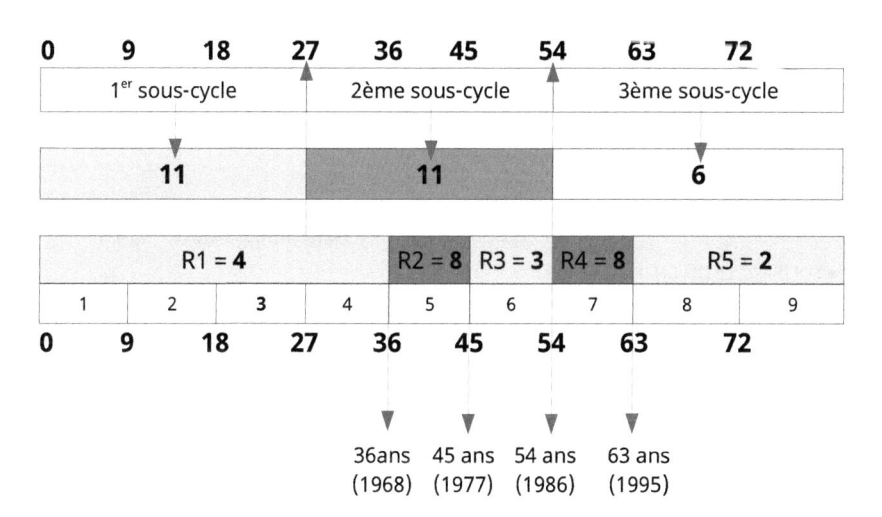

0	9	18	27	36	45	54	63	72
	1er sous-cycle			2ème sous-cycle			3ème sous-cycle	
	11			11			6	
	R1 = 4			R2 = 8	R3 = 3	R4 = 8	R5 = 2	
1	2	3	4	5	6	7	8	9
0	9	18	27	36	45	54	63	72

36ans (1968) 45 ans (1977) 54 ans (1986) 63 ans (1995)

On peut afficher les différents cycles et leur durée de cette manière. Libre à chacun d'opter pour cette présentation. L'avantage de ce graphique, c'est son aspect synoptique. Il est très visuel et nous donne une vision précise du croisement des cycles et des différents âges de passage de l'un à l'autre. C'est un tableau qui est très largement utilisé par les numérologues. De cette manière, nous nous apercevons que le 4ème cycle de réalisation (R4), dont la valeur est égale à 8, est actif de 54 à 63 ans sur le 3ème sous-cycle 6, le tout, dans l'axe du chemin de vie 1 et sous l'influence du défi majeur 22/4.

Précisons que la date d'entrée en vigueur d'un cycle de réalisation s'effectue toujours pendant une année personnelle 1, à la date d'anniversaire du sujet. En 1995, Jacques CHIRAC était, jusqu'au 29 novembre dans un 4ème cycle de réalisation (R4) égal à 8. Le 5ème cycle de réalisation (R5) ne débute qu'à partir de l'anniversaire, donc, le 29 novembre 1995. Ceci à son importance pour la suite de l'étude.

On peut représenter ce qui vient d'être énoncer pour l'année 1995 avec le graphique suivant :

Date anniversaire : 29/11 — 63 ans

- SOUS-CYCLE DU CHEMIN DE VIE :

6	6

- CYCLES DE RÉALISATION DU CHEMIN DE VIE :

8	2

- MOIS DE L'ANNÉE

J	F	M	A	M	J	J	A	S	O	N	D

- ANNÉE PERSONNELLE DE JACQUES CHIRAC EN 1995 :

ANNÉE PERSONNELLE 1

INTERPRÉTATION DES CYCLES DE RÉALISATION DU CHEMIN DE VIE

Réalisation 1 : nécessité de s'affirmer en évitant l'égoïsme et les situations de soumission. Favoriser donc l'indépendance, l'autonomie et l'acquisition de la confiance en soi. Mener des actions personnelles, prendre la direction de sa vie en se fixant des objectifs. À éviter : autoritarisme, orgueil ou effacement. Période de solitude parfois durant cette réalisation destinée à faire réagir le natif. Ne rien attendre des autres et ne compter que sur soi. Période pendant laquelle il faut provoquer des (re)démarrages. Période d'avancement propice au lancement de projets indépendants. Action nécessaire.

Réalisation 2 : nécessité de s'associer et d'accepter d'être au second rang sans toutefois s'effacer complètement. Apprentissage de la coopération. Favoriser le calme, la diplomatie et l'amitié. À éviter : soumission, nervosité, désir de s'imposer mais aussi la paresse, les conflits et une mauvaise gestion des émotions. Dissenssions fréquentes, antagonismes et remise en cause parfois des unions et des associations. Période pendant laquelle il faut privilégier les accords de coopération et la consolidation des liens. Complémentarité, ouverture aux valeurs féminines, copilotage.

Réalisation 3 : favoriser les aspects créatifs de la vie. Développer un réseau relationnel. Chercher à s'exprimer par tous les moyens sans toutefois se disperser ou faire déborder son imagination. Favoriser l'expression de soi, la sympathie, la joie de vivre, la légèreté, les relations avec les enfants. À éviter l'isolement, les cadres rigides, le mutisme mais aussi l'agitation et un trop grand désir de paraître. Tendance fréquente aux disputes ou aux comérages. Apprendre à dédramatiser. Période propice à la négociation. Parfois, retrouvailles. Épanouissement, reconnaissance.

Réalisation 4 : Le natif doit chercher à se structurer sans s'enfermer dans une routine sclérosante. Il doit savoir faire preuve de discipline et s'appliquer au travail. Il lui sera nécessaire de garder les pieds sur terre. Nécessité de favoriser l'ordre et la mise en place de process pour maintenir un important besoin de sécurité. Il doit prendre son temps, se donner le temps, ne rien précipiter et travailler avec régularité. À éviter : l'oisiveté, le non respect des règles, la paresse, l'instabilité. Fréquentes sensations de limitations et de frustrations. Période pendant laquelle il faut rechercher la stabilité. Parfois, préoccupation matérielle, quotidien pesant. Les objectifs précis et mesurés permettront au sujet de stabiliser son existence et de concrétiser ses ambitions. Retour possible à l'essentiel et absence de superflu.

Réalisation 5 : accepter et provoquer les changements sans instabilité ni fuite des responsabilités. Ne pas utiliser sa liberté au détriment d'autrui. Favoriser les déplacements, le sport, la nouveauté, les ouvertures, l'engagement dans des voies nouvelles. Oser s'ouvrir et faire preuve d'audace, de dynamisme tout en consolidant son autonomie. Briser les chaînes qui entravent la liberté. Écouter les messages du corps. À éviter : la versatilité, les changements compulsifs et incessants mais aussi le statisme et l'enfermement. Inquiétude fréquente face à la nouveauté ou sensation d'insécurité. Période pendant laquelle il faut se libérer. Mutations et voyages possibles.

Réalisation 6 : responsabilités familiales ou professionnelles à assumer. Importance du foyer, de la maison et grand besoin de stabilité affective. Favoriser les activités qui apportent de la satisfaction et la paix intérieure. Veiller à créer un climat chaleureux. Susciter l'harmonie autour de soi, dans ses relations, son foyer, en pratiquant un art ou la relaxation. Être vecteur de qualité et mettre en avant le raffinement. Apporter de la beauté. À éviter : tomber dans les servitudes, la jalousie, les obligations familiales pesantes et le sens des responsabilités à outrance. Période pendant laquelle il faut développer le bien-être personnel. Importance de l'affectif et engagement possible.

Réalisation 7 : nécessité d'avoir foi en soi et de se faire confiance. Cultiver son originalité et trouver sa singularité en s'engageant dans une voie de connaissance et de développement personnel. Chercher à se spécialiser et apprendre à maîtriser des pensées invasives. Favoriser les activités indépendantes ou liées à un savoir (technique, scientifique, original ou hors du commun...). Favoriser la méditation, le vide intérieur, les périodes de retraite et de solitude ressourçantes. Éviter la vanité d'un savoir, l'orgueil et la misanthropie. Sensation fréquente d'isolement ou d'une différence trop marquée avec l'environnement. Période pendant laquelle il faut prendre du recul. Ralentissement général parfois. Attirance fréquente pour l'astrologie, la numérologie, la psychologie...

Réalisation 8 : apprendre le sens du pouvoir et de l'argent. Faire preuve de probité et développer le sens de la justice. Favoriser les actions relatives à la carrière, aux gains, au patrimoine. Combativité et esprit de conquête à développer. Nécessité d'élaborer des stratégies. Oublier ses peurs. Acceder à une bonne maîtrise de soi. Éviter : l'aggresivité, les actions destructrices, la manipulation, la rancune, les abus de pouvoir ou le manque d'énergie et d'engagement dans les actions. Sensation fréquente d'injustice et refus d'évoluer. N'ose pas prendre sa place en raison d'un sentiment d'illégitimité. Période pendant laquelle il faut oser. Transaction, parfois procès.

Réalisation 9 : nécessité de développer une certaine sagesse et d'apprendre à servir les autres avec humanisme et compassion sans totale abnégation. Trouver sa voie, se réaliser, accomplir un idéal. Apprendre à vivre le détachement avec les choses et les personnes, savoir rompre avec certaines situations. S'éveiller à la connaissance et développer une conscience large. Favoriser les voyages, s'ouvrir à différentes cultures. Ouvrir des voies de fraternité et de tolérence. À éviter : les attachements excessifs et les univers étriqués. Possibles déceptions, fréquentes illusions, éveil tardif. Difficultés à faire aboutir les projets. Période pendant laquelle il faut élargir ses perspectives. Ne pas hésiter à voir « grand ». Parfois pertes ou aboutissements favorables.

Réalisation 11 : apprendre à guider tout en sachant faire abstraction de son égo. Utiliser sa force intérieure à des fins humanistes et collectives. Croire en son intuition. Diffuser des messages inspirants à l'entourage proche ou à l'humanité.

Réalisation 22 : accepter les responsabilités importantes. Construire et manifester des projets utiles à la collectivité.

Réalisation 33 : savoir guider. Faire preuve de compassion. Avoir des paroles bienveillantes. Développer le fraternité et mettre de côté son égo.

ÉTAPE N°21

LES ANNÉES PERSONNELLES

Définition : du 1er janvier au 31 décembre, chacun se trouve dans une année personnelle. Elles permettent d'actualiser le thème natal en soumettant le sujet à certaines expériences favorables à l'exploration d'une part de sa personnalité. Elles sont propices au déblocage de certains nœuds et à l'émergence de qualités nouvelles ou non exploitées. Ces expériences peuvent être liées à un événement ou simplement consécutivent à une prise de conscience dont les influences sur la vie du sujet seront au moins d'égale importance. Par conséquent, les années personnelles sont avant tout à analyser sur un plan intérieur et à considérer prioritairement comme un processus d'individualisation et de réalisation personnelle. Elles sont à mettre en interaction avec l'ensemble du thème. Les isoler n'a aucun sens. C'est la raison pour laquelle je vous met en garde sur une utilisation *stricto sensu* de la table d'interprétation qui suit comme pour toutes celles qui se trouvent dans ce livre. Elles ne reflètent qu'une idée générale. Par ailleurs, chaque année personnelle est à replacer dans le contexte des grands cycles qui composent le chemin de vie.

CALCUL DE L'ANNÉE PERSONNELLE

Nous devons additionner, de la même façon que nous l'avons fait pour le chemin de vie, le jour de naissance, le mois de naissance avec cette fois l'année universelle. L'année universelle étant l'année calendaire qui nous intéresse pour l'étude. Pour Jacques CHIRAC nous avons calculé l'année personnelle correspondant à sa première victoire aux élections présidentielles.

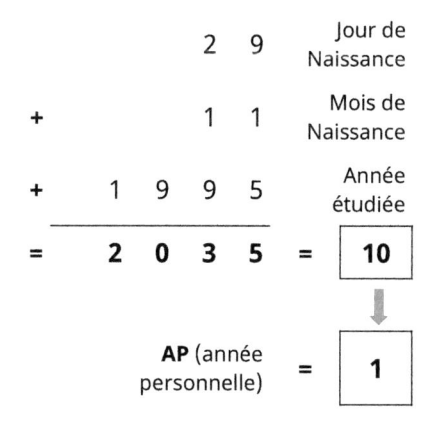

			2	9	Jour de Naissance
+			1	1	Mois de Naissance
+	1	9	9	5	Année étudiée
=	2	0	3	5	= **10**
			AP (année personnelle)	=	**1**

En 1995, Jacques CHIRAC était dans une année personnelle 1. Consultez la définition générale de l'année personnelle 1 dans les pages suivantes.

L'année 1995 était une année universelle : 1 + 9 + 9 + 5 = 24 = 6.

Nous mettons en rapport l'année personnelle avec l'année universelle pour faire une synthèse. Pour Jacques CHIRAC, nous devons analyser le rapport entre l'année personnelle 1 et l'année universelle 6. On peut rapidement conclure : 1 - commencement, début, affirmation, rayonnement et 6 – responsabilités, vie sociale, choix, famille. C'est donc une période de nouvelles responsabiltés, le début de quelque chose sur le plan social ou familial, une promotion qui peut être soumise à un choix (choix des électeurs par exemple). Avancement mais lourdes responsabilités... Le 6 met toujours les aspects d'une situation en valeur. Ici avec le 1 c'est la personnalité et l'égo qui sont valorisés... Précisons que le succès ne se rencontre pas exclusivement en année personnelle 1.

Il est utile aussi de prendre en considération les deux derniers chiffres du résultat obtenu par l'addition du jour, du mois et de l'année calendaire.

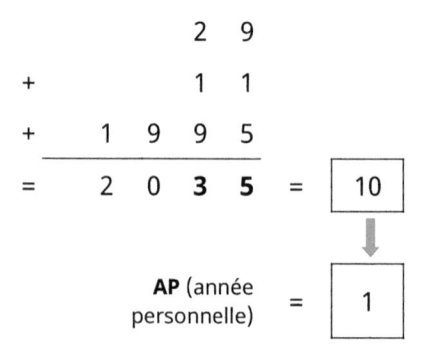

```
          2 9
+         1 1
+   1 9 9 5
    ─────────
=   2 0 3 5   =   | 10 |
                      ↓
         AP (année
         personnelle)  =  | 1 |
```

Ici, nous obtenons un 35 que l'on peut réduire à 3 + 5 = 8 qui nous indique que la combativité, la force, la lutte donne au sujet les moyens de s'imposer. En rapport avec le 1 de l'année personnelle, le sujet à les atouts nécessaires à son évolution. 1 -> 8 est un rapport très positif en matière de responsabilités, de commandement et de réussite professionnelle. On pourrait aussi ajouter l'apport significatif du 3 et du 5 en termes de communication et de dynamisme. L'ensemble des nombres vont dans le sens de la réussite. 8 et 5 sont des indices d'évolution et de transformation.

L'interprétation est à situer dans le contexte personnel du sujet. Il faut tenir compte du paradigme du natif, de sa représentation du monde, de ses projets… Avec ces mêmes vibrations, pas une seule autre personne, n'aurait pu, à cette même date, être élu Président de la République. L'étude de l'année personnelle se fait toujours conjointement à celle de la personnalité et du chemin de vie. Il est utile de bien maîtriser l'ensemble du thème avant de se lancer dans une quelconque affirmation. Il est préférable de souligner l'ensemble des forces contenues dans les nombres, d'énoncer ce qui est possible et d'éviter au maximum d'annoncer des événements, même si la demande en la matière est abondante.

***

DIGRESSION CONCERNANT LE CORONAVIRUS ET L'ANNÉE 2020

Je m'autorise ici une petite digression concernant l'année universelle 2020 et la période de confinement que nous traversons actuellement en raison des risques sanitaires liés au covid-19.

2020 est une année universelle : 2+0+2+0 = 4. Nous connaissons déjà les aspects restrictifs du 4. Nous additionnons ensuite 20 + 20 (de l'année 20-20) = 40 dont le symbolisme est souvent connu du grand public. Nous interprétons 4, 40, 20 (2 derniers chiffres de l'année 20**20**) et 2 (20 réduit à 2).

Le 4 nous parle de protection (dans le cas présent il s'agit de masques, gants...), de limitation (confinement, déplacement, manque de liberté...), d'effort, de sédentarité, de maison, d'endurance, de discipline, de prévoyance, de contrainte, d'obstacle, d'erreur, de travail, de dette, de trésorerie, d'arrêt, de peur, de mort, de restriction, de frontière, de blocage, de perte, de budget, d'économie, de système économique, de régulation, de stock, de norme, de place, de strict nécessaire, de privation, de lenteur, d'angoisse, de personne âgée, d'un manque d'espace ou d'air, de temporisation, de chômage...

Le 40 nous parle de pénurie, d'épidémie, de quarantaine, d'événements qui s'inscrivent dans la durée, de « traversée du désert », de santé fragilisée... Le zéro est l'indice de restructuration, d'un passé révolu. Il fait évoluer le 4 vers de nouvelles dispositions, vers un renouvellement de sa base, de nouvelles règles. Le zéro représente l'ouroboros, la roue qui tourne. Il est source de métamorphose. Il effectue une mue et une « mise à jour ». Nécessité de modifier et de faire évoluer les organisations. Les comptes sont remis à zéro, les dettes (le 4) effacées (le 0 = remise à zéro). Dépôt de bilan, faillite, récession.

Le 20 nous parle de renouvellement, d'évolution (avec la présence du zéro) dans les interactions sociales, l'écoute, l'attention, la prise en charge et la considération d'autrui. Évolution et prise de conscience en matière de partage et de soutien. Émergence de nouvelles fragilités (le 2 parle de fragilité)...

Le 2 nous parle de la nécessité de mettre l'égo de côté, de ne pas faire preuve de prétention, de se croire « tout puissant » et de tirer les leçons de sa vulnérabilité. Il invite à la modestie, l'humilité et au développement des idées de partage et de coopération.

Le rapport de 2 -> 4 peut indiquer des relations et des échanges limités, restreints. Le 2 est en relation avec l'alimentation. Le rapport 2 -> 4 peut éventuellement conduire à des restrictions alimentaires, à un besoin d'accumuler (le 2 est en rapport avec l'avidité), de faire des stocks... le 2 évoque aussi la fécondité, la maternité. En relation avec le 4, nous assisterons vraissemblablement à une baisse notable des naissances à l'issue de cette crise sanitaire... et économique.

le 2 nous parle aussi des liquides, de l'eau, le 4 de protection, de l'importance du nettoyage, de l'hygiène et par extension et en regard de la situation actuelle, du gel hydroalcoolique... Sur un tout autre plan, l'année promet sécheresse, pénurie d'eau...

Enfin, le 4 et le 2 nous renvoient à la base de la pyramide des besoins de Maslow à savoir les besoins primaires ou physiologiques avec le 2 et les besoins de sécurité avec le 4.

Cette pyramide présente cinq niveaux de besoins dont certains sont absolument nécessaires à notre survie tandis que d'autres sont indispensables à notre bonheur. Elle vous est présentée à la page suivante.

	BESOINS D'ACCOMPLISSEMENT
N5	de soi. Besoin de se dépasser, de faire mieux. Développement du potentiel, nouveaux apprentissages.

	BESOINS D'ESTIME
N4	de soi et de reconnaissance. Confiance en soi et respect de soi. Reconnaissance et appréciation des autres. Prestige.

	BESOINS D'APPARTENANCE Le 2 :
N3	besoin d'amour. Besoin d'affection venant des autres. Vie sociale. Avoir des amis, une famille.

	BESOINS DE SÉCURITE Le 4 :
N2	(masques, gants, assistance, soins, médicaments...). Vivre dans un environnement stable, prévisible, sans anxiété ni crise. Hygiène, lieu d'habitation.

	BESOINS PRIMAIRES OU DE SURVIE Le 2 :
N1	besoins physiologiques, alimentation, eau, sommeil, sexualité, reproduction respiration, élimination.

Ces besoins deviennent secondaires ou sont non satisfaits.

2020 = 2+0+2+0 = 4

Les deux premiers niveaux de la pyramide donnent le ton aux priorités. Le 2 se situe à la fois au niveau 1 et au niveau 3. Le troisième niveau commence déjà à être mis entre parenthèse parce que confronté aux limitations du 4. Quant aux niveaux 4 et 5, ils sont relégués à l'arrière plan. Cela ne veut évidemment pas dire que nous n'avons plus du tout la possibilité d'accéder à ces niveaux. Ils deviennent simplement secondaires dans la hiérarchie des besoins.

Tous ces éléments nous conduisent à conclure à une possible et nécessaire évolution des différents systèmes (travail, santé, économie, sécurité...). Il reste toutefois difficile d'en déterminer l'intensité, la durée et l'impact réel sur la société. Souhaitons qu'il en ressorte quelque chose de positif. Cela dit, les interrogations et les tensions sont déjà nombreuses. Le monde « d'après » ressemble déjà et à s'y méprendre au monde « d'avant »... L'issue reste incertaine... Septembre 2020 sera une période charnière... 2021 (AU 5) est annonciatrice d'adaptations nécessaires et de mutations (virus, société...?) Mars me semble plus difficile... Voilà donc, autant de mots, qui nous parlent en cette période trouble...

L'analyse peut paraître simple et avantageuse à postériori. Elle peut aussi sembler un peu « facile » mais elle est cependant et malheureusement criante de vérité.

L'année 2020 étant universelle, elle va influencer le cours des événements de la plupart d'entre nous, à des degrés variables.
À titre d'exemple, elle apportera de possibles blocages dans l'avancement personnel en AP 1 (année personnelle 1), des retards dans les unions, les associations, un climat d'insécurité émotionnelle en AP 2, des blocages dans la créativité et la communication en AP 3, de gros ralentissements, le chômage en AP 4, des déplacements reportés, une sensation d'étouffement en AP 5, des blocages affectifs, de la frustration en AP 6, une grande sensation d'isolement, des difficultés psychologiques en AP 7, des pertes financières en AP 8, et des voyages annulés en AP 9...

PROPOSITION D'INTERPRÉTATION DES ANNÉES PERSONNELLES

Année personnelle 1 : année qui invite le sujet à l'action individuelle. Le sujet aura la nécessité de ne compter que sur ses propres moyens. Il sera face à des personnes ou des situations qui lui donneront la possibilité de s'affirmer ou de retrouver la confiance. L'indécision et l'hésitation auront des répercussions sur les années à venir. Mots clés associés : individualité, rayonnement, vitalité, volonté, animus, homme, ambition, lumière, le jour, rapidité, décision, assurance, renforcement de l'énergie… avancement personnel, nouvelles idées, nouveaux projets…

Année personnelle 2 : année qui invite le sujet à la coopération, à l'utilisation de ses capacités d'accueil et à l'expression de sa sensibilité. Il sera face à des situations ou des personnes qui lui donneront la possibilité d'apporter un soutien, de donner de l'attention. Parfois, au contraire, c'est le sujet lui-même qui est soumis à une forme de dépendance et qui a besoin d'être apaisé et soutenu. Mots clés associés : fécondité, recherche de tranquillité, réceptivité, émotion, anima, inconscient, imaginaire, rêve, aspirations intimes, la vie affective, la nuit, anxiété, vulnérabilité, affaiblissement de l'énergie physique, lenteur, rencontres, nouvelles amitiés, collaborations fructueuses…

Année personnelle 3 : année qui invite le sujet à l'expression personnelle et à un élargissement de la sphère sociale. Il sera face à des personnes ou des situations qui lui donneront la possibilité de communiquer et de créer. Mots clés associés : expression, mental, curiosité, échanges, communication, écriture, légèreté, éclaircissement, critiques, nouvelles, joie, enfants, succès, relations publiques, naissance d'une œuvre…

Année personnelle 4 : année qui invite le sujet à la concrétisation des projets grâce à un travail méthodique. Le sujet sera face à des situations ou des personnes qui lui donneront la possibilité de mettre en avant son sens de l'organisation et sa persévérance. Mots clés associés : structuration, temps, limites, rigueur, discipline, construction, base solide, restriction, temporalité, délai prévoyance, obstacle temporaire, maturation, renoncement, problème de trésorerie...

Année personnelle 5 : année qui invite le sujet au renouvellement et au changement de cap. Le natif sera face à des personnes ou des situations qui lui donneront la possibilité de modifier son cadre habituel et d'explorer des domaines inconnus. Mots clés associés : expansion, sociabilité, changement d'activité, adaptation, activité, liberté, indépendance, nouvel horizon, voies diverses ou de libération, aventures, mutations...

Année personnelle 6 : année qui invite le sujet à la responsabilité et à l'engagement. Le natif sera face à des personnes ou des situations qui lui donneront la possibilité de créer l'harmonie autour de lui et de consolider sa vie affective. Mots clés associés : amour, séduction, famille, affectivité, beauté, charme, indulgence, empathie, jugement de valeur, importance de ce que l'on trouve beau, de ce qui nous séduit, choix, indécision...

Année personnelle 7 : année qui invite le sujet à l'introspection et au développement de la vie intérieure. Il sera face à des personnes ou des situations qui lui permettront de se distinguer par son originalité et sa singularité. Mots clés associés : liberté, indépendance, progrès, réforme, perceptions avant-gardistes, connaissance et dépassement de soi, individuation, révélation de soi, irrationnalité, ralentissement, isolement, faits innatendus...

Année personnelle 8 : année qui invite le sujet à exprimer son pouvoir et sa combativité. Il sera face à des situations ou des personnes qui lui permettront de s'imposer et de démontrer sa capacité à surmonter les obstacles. Il pourra faire face à des transformations intérieures ou matérielles en lien avec des événements collectifs si 4 ou 8 en année universelle. Mots clés associés : actions concrètes, esprit d'entreprise, confrontation, domination, lutte, rivalité, courage, sexualité, énergie, évolution, force, réussite, promotion, crise, vol, mutations, transformations importantes, mort symbolique...

Année personnelle 9 : année qui invite le sujet à exprimer sa compassion et son pouvoir d'abnégation. Le natif sera face à des situations ou des personnes qui lui permettront de s'ouvrir à une dimension collective et à élargir son horizon. Mots clés associés : collectivité, perception globale, altruisme, ouverture, valeurs, imagination, rêves, idéalisme, utopie, confusion, flou, idéal, projets importants, retrait de l'égo, possibilité de voir plus grand, bilan, cessation d'activité, prise de conscience...

ÉTAPE N° 22

LES NOMBRES EN EXCÈS OU « NOYAUX »

COMMENT DÉTERMINER L'EXCÈS D'UN NOMBRE ?

Nous considérons l'excès d'un nombre lorsqu'il forme un « noyau ». Nous parlerons de « noyau » lorsqu'on observera la présence multiple (2 fois ou plus) d'un même nombre dans les nombres dits « majeurs » (nombre de structure, nombre de motivation, nombre d'expression, nombre d'expression du premier prénom, nombre actif, chemin de vie, nombre d'évolution et nombre pivot) ou lorsqu'un modulateur sera identique au nombre de la case de l'inclusion qu'il occupe avec un défi correspondant au même nombre. Exemple : modulateur

3 sur CI 3 + défi 3 forment un noyau. Un 1 sur une des cases de l'inclusion avec présence d'un défi 1 indique un noyau également. Exemple : 1 sur CI 8 avec défi 1 = noyau 8. Autre cas de figure : un nombre majeur dont la case de l'inclusion correspondante contient le même nombre. Exemple : 3 en nombre d'expression et 3 sur la case 3 de l'inclusion. Les tendances du nombres sont alors renforcées et s'exprimeront dans l'excès. Ils focaliseront notre attention. Un défi confirmera toujours la tendance à l'excès dans le cas de la présence multiple d'un même nombre dans les postes clés ou majeurs.

Exemple d'illustration :

Inclusion fictive :

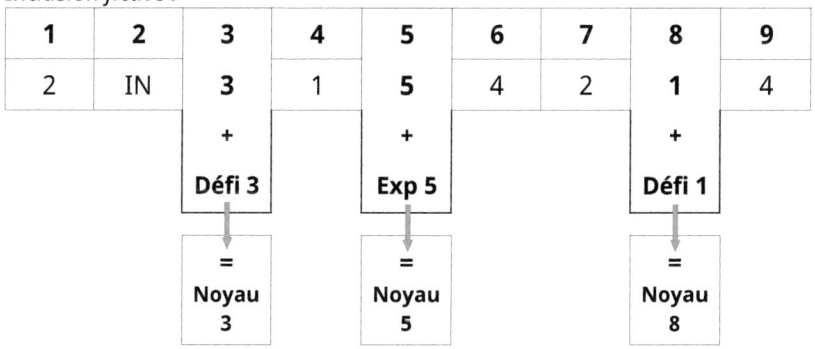

1	2	3	4	5	6	7	8	9
2	IN	3	1	5	4	2	1	4
		+		+			+	
		Défi 3		Exp 5			Défi 1	
		=		=			=	
		Noyau 3		Noyau 5			Noyau 8	

Dans cette grille d'inclusion vous pouvez aussi remarquer la présence d'un autre noyau non représenté en case 4. Celle-ci est également soumise au défi du 1 présent dans le noyau 8.

LES NOMBRES ANTIDOTES

Les nombres antidotes sont ceux qui vont permettre de tempérer et de corriger l'expression « hypertrophiée » de certains traits de nombres, dits en excès. Comment les trouver ? C'est très simple ! Ce sont les nombres qui se trouvent de part et d'autre de l'énergie en question.

Ces nombres seront utiles dans l'interprétation du thème de naissance y compris dans l'analyse des cycles. Ainsi, lorsqu'un cycle (Chemin de vie, cycle de réalisation, année personnelle ou universelle…) sera en lien et activera un nombre « antidote », cela constituera une sorte d'invitation à l'ajustement et donc au contre-balancement de l'énergie concernée par l'excès. Les nombres antidotes ne s'activent que dans le cas d'une énergie effectivement en excès ou en intensité nulle. Si nous avons par exemple, un chemin de vie 4 avec un modulateur 4 sur la case 4 de la grille d'inclusion, le natif aura alors la possibilité d'activer les énergies antidotes 3 et 5, en particulier lors du transit du 3 ou du 5 dans les cycles.

> **« J'ai appris qu'un homme n'a le droit d'en regarder un autre de haut que pour l'aider à se lever. »**
>
> Gabriel Garcia Marquez
>
> (**référence au nombre 9** – Fraternité – Dignité - Altruisme)

- Observez le schéma suivant :

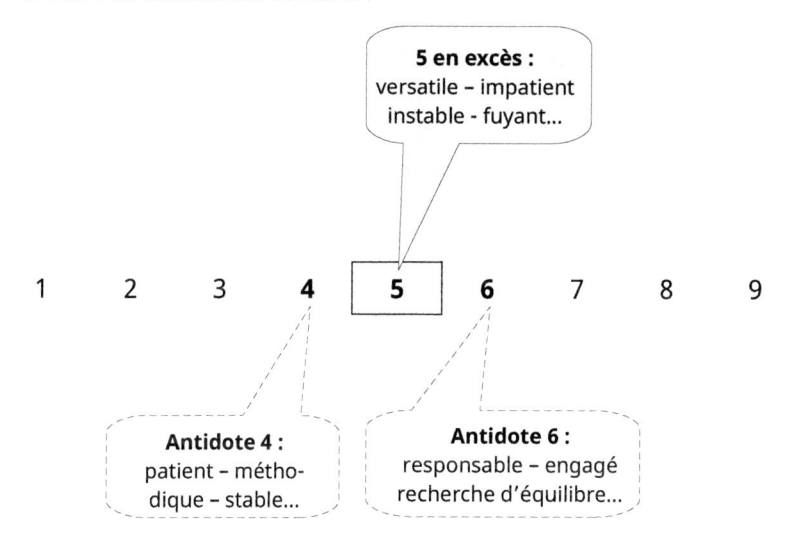

5 en excès :
versatile – impatient
instable - fuyant…

1   2   3   **4**   **5**   **6**   7   8   9

Antidote 4 :
patient – méthodique – stable…

Antidote 6 :
responsable – engagé
recherche d'équilibre…

- Autre exemple :

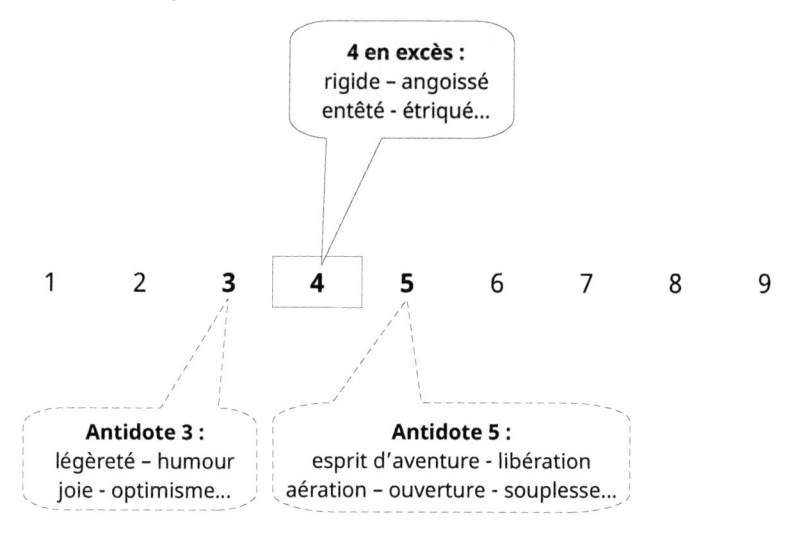

4 en excès :
rigide – angoissé
entêté - étriqué…

1   2   **3**   **4**   **5**   6   7   8   9

Antidote 3 :
légèreté – humour
joie - optimisme…

Antidote 5 :
esprit d'aventure - libération
aération - ouverture - souplesse…

Prenons l'exemple du 4 qui dans l'excès peut se montrer un peu trop rigide, anxieux et mal à l'aise dans les situations nouvelles, inconnues ou inattendues. Il est en mitoyenneté avec le 3 et le 5. Ainsi, il pourra puiser dans les ressources du 3 ou du 5 les énergies utiles à la régulation de son « intempérance » pour : apprendre à ne pas se prendre trop au sérieux, accepter les situations nouvelles, sortir de son cadre habituel, être moins dans le contrôle de soi et plus dans le lâcher prise, sortir, s'aérer, etc... Si l'individu, dont l'excès en 4 est confirmé et possède un chemin de vie 3 ou 5, il sera alors, entre autre, fortement invité à gérer les écueils liés aux outrances du 4. Cette invitation au rééquilibrage peut se faire tout autant pendant une année personnelle ou un mois personnel, un sous-cycle, un cycle de réalisation du chemin de vie ou universel, etc... La nature du cycle en précisera la durée et son caractère plus ou moins impératif.

Autre exemple : la période de 18 à 27 ans qui fait référence à la période de réalisation universelle 3, sera propice à l'ajustement du 4, s'il est confirmé qu'il se trouve bien en excès dans le thème. Idem pour la période de 36 à 45 ans relative à la période de réalisation universelle 5. Le passage de la réalisation universelle 4 risque d'être plus restrictif, plus contraignant du fait des limitations du sujet lui-même. Les périodes 3 et 5 sont susceptibles de le placer dans « l'inconfort » pour le faire, d'une certaine manière, réagir et évoluer.

Imaginons à présent que ce 4 se trouve sur la case 3 de la grille d'inclusion qui nous parle de la sociabilité du sujet. Une trop grande exigence, une retenue importante peut alors gêner les contacts, l'adaptation et l'ouverture aux autres pendant les périodes de réalisation universelle 3 et 4. Les nombres antidotes 3 et 5 seront utiles à cet assemblage. Ce sont des moyens mis à la disposition du natif. Ils impliquent donc une activation volontaire du sujet.

Les définitions qui suivent sont comme toujours standardisées. Pour rappel, pensez à bien mesurer vos propos et à nuancer vos conclusions.

INTERPRÉTATION DES NOMBRES EN EXCÈS

▶ **Le 1 : isolement – autoritarisme – surestimation de soi.**

Le 1 en excès surestime ses capacités et ses ambitions sont souvent le fruit de la vanité. Il peut faire preuve d'un arrivisme assez prononcé et cherche à faire valoir des compétences ou des qualités qu'il ne possède pas nécessairement. Son objectif est de faire grandir son Moi et de se hisser fièrement sur un piédestal, seul moyen pour lui d'affirmer une identité fragile et revendicative. Il a l'ambition d'aller toujours plus haut pour se faire de plus en plus apprécier. Sa valeur ou le sentiment qu'il en a, dépend, selon lui, de ce qu'il représente aux yeux des autres, de ses réalisations personnelles, de son prestige. Il a un fervent besoin d'être admiré. Il est souvent proche de la mégalomanie. Il peut à ce titre exercer le mépris envers ceux qui agissent avec modestie ou qui n'ont tout simplement pas les mêmes ambitions. Centré sur lui-même et fier, il peut s'isoler peu à peu et vivre dans l'amertume et l'opposition à toute forme de créativité. Il peut, à cet égard, devenir très critique. Il fait preuve d'une grande susceptibilité lorsque l'on touche à son vernis. Il est très souvent, arrogant. À force de se croire au-dessus des autres, il fait le vide autour de lui. Ce sont parfois des êtres fatigants, tant leur besoin d'attention est immense.

▶ **Le 2 : fusion – dépendance – avidité.**

Cette personne est hyper-fusionnelle, ce qui nuit à son individualité. Elle a besoin d'une présence permanente et de compagnie. Elle peut, à ce titre se montrer parfois « collante » tant son avidité affective est prégnante. Elle peut devenir une charge pour sa famille et ses amis. Il lui arrive aussi de se lier à des personnes qui ne lui conviennent pas, simplement pour combler un manque d'amour ou par peur d'être abandonnée. En conséquence, elle peut devenir dépendante et ne plus savoir remettre en question ou rompre les liens sans intérêt, fragiles ou précaires. Poussée à son paroxysme, elle se montre trop conciliante et arrangeante. Elle en oubli l'importance d'être soi et fait preuve d'une trop grande passivité devant les situations qui réclament de sa part action et esprit de décision. Elle s'abandonne à l'autre et se laisse dominer. Le complexe d'effacement est souvent le lot de cet aspect. Elle a tendance à se comparer aux autres ce qui a pour incidence de la fragiliser encore davantage. La faiblesse de son Moi la conduit a ne se sentir exister qu'à travers l'autre. Lorsque le vide n'est pas combler, elle se sent mal, abattue, mélancolique voire dépressive. Elle devra apprendre le détachement afin de libérer sa véritable nature et accéder à plus d'autonomie affective, surtout en présence d'un défi 2 ou d'un 0 dans la case 2 de la grille d'inclusion. Son oblativité, son caractère dévoué à l'extrême lui font passer les besoins d'autrui avant les siens propres. Parfois lâcheté.

▶ **Le 3 : immaturité – velléité – dispersion des énergies.**

Le 3 se montre souvent dans l'incapacité de se fixer des buts précis. Il est dispersé dans ses actions, agité, ou nerveux. Il ne parvient pas à canaliser son énergie dans une seule direction ce qui nuit à son efficacité et son rendement. Il n'est pas adepte de l'effort constant et ses actions restent souvent vaines. Il n'aime pas les activités soutenues. Il vit le moment présent de manière désinvolte. C'est un être souvent velléitaire qui parle donc plus qu'il ne fait. Son manque de maturité le conduit fréquemment à ne pas prendre la mesure de ses responsabilités. Il peut vouloir rester « enfant » et insouciant une grande partie de sa vie. Il aime briller sur le plan social et se faire remarquer. Il a un besoin excessif de plaire. Il papillone souvent d'une relation à une autre et reste le plus souvent superficiel. Il peut trop parler et ne pas savoir écouter. Il aime les superlatifs et se laisse souvent abuser par la flaterie quand il ne l'utilise pas lui-même. Un sentiment de supériorité est généralement bien caché sous une apparente sympathie. Parfois prétentieux, beau parleur, menteur, profiteur mais aussi naïf.

▶ **Le 4 : hyper-vigilence – peurs – entêtement - anticipation**

Le 4 en excès indique un être ultra prévoyant. Il a peur de manquer et de vivre dans la précarité. Cela n'apparaît pas forcément aux yeux des autres car tout se joue le plus souvent à l'intérieur de lui-même. Le 4 est un introverti « endurci » ! Il vit souvent dans le passé et souhaite conserver ses acquis, ses habitudes. L'avenir, fait d'incertitudes, peut l'angoisser. Il peut ne pas vouloir ou avoir des difficultés à s'ouvrir à la nouveauté sur différents plans (professionnel, relationnel...). Il reste fidèle à ses choix et ses principes pour ne pas être destabilisé. Sa forte secondarité l'empêche d'aller de l'avant et le rend méfiant. Il est néanmoins très actif et toujours occupé une fois engagé. Il peut montrer une certaine tenacité. Il assume pleinement ses obligations car il souhaite défendre une image de fiabilité. Son quotidien est souvent fait d'habitudes. Parfois, se sentant incompétent, il se cantonne à des activités subalternes ou de menus métiers dans lesquels il n'a aucun pouvoir de décision, ni même la possibilité de mettre ses compétences en valeur. Son inertie l'empêche de créer l'opportunité. La peur de ne pas être parfait le fige. Il est rempli d'appréhension dans ses relations et peut se montrer silencieux, renfermé et froid. Il n'aime pas parler de lui. Sa pudeur, sa réserve sont excessives et l'entraînent progressivement vers une forme de frustration. Il a du mal a exprimer son enthousiasme et parfois même à sourire tout simplement. L'abondance de 4 a pour effet l'abaissement d'une émotivité déjà assez peu présente initialement. Se laissant peut distraire, il peut apparaître sombre. Il est épris d'honorabilité et se montre souvent tatillon voire rigide. Anxiété souvent forte. Parfois, bourré de préjugés. Complexe de culpabilité. Modestie.

▶ **Le 5 : impatience – compulsion – absence de résistance – refus de l'engagement.**

Autant le 4 n'aime pas sortir des cadres et de ses habitudes, autant le 5 en excès les rejette. C'est un être frénétiquement attaché à sa liberté. Il a besoin d'air et d'un espace de vie personnel. Il ne supporte ni les chaînes, ni les interdits. Il fuit les activités monotones et ennuyeuses. Impatient de découvrir, avide de nouveauté, il se disperse facilement. Il est actif et dynamique mais manque de résistance. Il se fatigue en déployant de multiples énergies dans d'innombrables directions. Il ne sait pas toujours ce qu'il veut vraiment et répond aux sollicitations du moment. Il vit souvent sous le coup d'impulsions qu'il ne parvient pas à maîtriser. Il s'agite, devient nerveux et instable. Il a du mal à se fixer et préfère les entreprises de courte durée. Raison pour laquelle il ne s'engage que très rarement pour le long terme y compris dans le domaine affectif, surtout si un lien est établi avec le deuxième prénom ou la case du mode affectif qui nous renseignent sur le couple. Sa mémoire est défaillante à l'opposé du 4 qui le précède. Il est souvent étourdi, il oubli rapidement. C'est un être charmeur qui aime le jeu de la séduction. Possible complexe de Don-Juan. C'est un orateur d'exception mais il évolue fréquemment vers la comédie, la fabulation et la mytho-

manie. Extrême besoin d'indépendance, d'activités physiques et de sensations. Imprudences fréquentes.
Sens développés. La sexualité est souvent impérative. Parfois personnage provocateur, dévergondé, libertin.

▶ **Le 6 : tyrannie – ingérence – hésitation – hyper-exigeance.**

Éprise d'harmonie, cette personne se focalise souvent sur les détails, les choses non terminées et tout ce qui peut nuire à l'équilibre ambiant. Elle en devient exigeante au point d'en être parfois tyrannique y compris avec son entourage proche envers lequel elle exige la perfection et l'amène à une forme d'intolérance chronique. Le moins que l'on puisse dire c'est qu'elle n'est pas très conciliante. Cette recherche paroxystique d'excellence est, soulignons-le, basée sur des valeurs et des critères personnels que nous ne sommes pas en mesure d'exposer ici. À chacun son paradigme pourrait-on lui suggérer. Ainsi, elle peut ne pas savoir accepter les choses et les personnes telles qu'elles sont, lit-on souvent dans les livres de numérologie. Elle doit apprendre à respecter les goûts des uns et des autres, leur façon d'être, leurs idées, leurs façons de s'exprimer, leurs mots, la façon qu'ils ont d'aménager leur maison ou de s'habiller... Elle outrepasse parfois ses prérogatives en s'immisçant dans les choix de vie des autres et n'hésite pas à critiquer vertement son entourage. Elle fait souvent preuve d'ingérence. Par ailleurs, un narcissisme puissant dicte ses conduites. Celui-ci l'amène à avoir, parfois inconsciemment, une haute estime d'elle même et à considérer ses choix et ses goûts comme les plus justes et les meilleurs. Parfois, l'excés de 6 conduit le sujet vers une culpabilité qui débouche sur l'hyper-responsabilisation. Il se crée ainsi des obligations de toutes natures. Elle en oubli que les personnes autour d'elle ont la pleine responsabilité de leur vie. Elle s'attribue souvent le rôle de responsable et croule sous les charges et les fardeaux. Cela l'entraîne dans les servitudes et la souffrance. Elle doit apprendre à rendre la part de responsabilité qui revient aux autres sans culpabiliser.

Avec le temps et lorsque la souffrance sera trop forte, elle saura mettre la distance nécessaire entre ce qui lui appartient et ce qui appartient aux autres en terme de responsabilité.

C'est aussi parfois une tendance au doute et à l'hésitation qui s'accentue chez les sujets dont les énergies propres à la décision sont diminuées. Jalousie, esprit suspicieux, conflits...

▶ Le 7 : distanciation sociale – révolte – paranoïa.

Le 7 est dans son essence quelqu'un de solitaire, de détaché. Lorsqu'elle est en excès, l'énergie du 7 en fait un personnage presque inaccessible, éloigné, distant socialement et assez peu attentif aux autres. Il aime cultiver sa différence. Il est parfois tellement « original », qu'il en devient marginal. Il affiche à tout prix sa singularité et cherche avant tout à être à l'avant-garde. Il s'écarte souvent volontairement de ce qui est traditionnellement appris, enseigné ou admis par les conventions sociales. Il cherche à explorer de nouvelles voies et cela l'amène parfois à être en marge ou à passer pour un excentrique ou un illuminé. Son acuité intellectuelle est vive et il lui arrive de faire preuve d'intransigeance et de penser que les autres sont trop lents ou stupides. Il se sent souvent seul détenteur de la vérité et se braque facilement si l'on va à son encontre. Il se prend souvent pour un dieux et attend le respect que l'on doit aux « grands ». Il apparaît parfois « snob ». Un puissant sentiment d'infériorité le pousse vers des exagérations multiples qui lui servent à dissimuler ses insuffisances. S'il se sent faible, il peut se montrer arrogant, caustique, blessant, provocateur... seul moyen pour lui d'afficher un semblant de confiance en lui. Il peut susciter l'antipathie et le rejet. Plus que tout autre nombre, il est épris d'une liberté qui s'associe à un refus total de l'autorité. Se sont souvent des rebelles qui initient les révoltes, remettent en cause l'ordre établi et mettent le feu au poudre avant de s'éclipser en toute discrétion parcequ'ils ne veulent pas intégrer les groupes auxquels ils s'opposent le plus souvent. Se sont souvent des personnes secrètes qui parlent peu d'elles-mêmes ou qui ne disent pas forcément ce qu'elles ressentent ou pensent. Cela peut rendre les échanges inconfortables.

▶ **Le 8 : colère – irritabilité – rancune.**

Le 8 en excès renforce la nature entière et le caractère assez peu nuancé du sujet. Il rencontre souvent des problèmes relationnels en raison d'un manque de souplesse évident. Il s'exprime souvent sur le coup de la colère et de l'impulsivité, ce qui en fait un être plus redouté qu'apprécié. Il ne maîtrise pas ses émotions. Il est souvent dur et intolérent et pratique avec beaucoup de facilité la répression. Il peut être tenté par la vengeance et peut faire preuve d'une certaine cruauté. Un côté « sadique », n'est pas exclu. Certains sont toujours sur la défensive, prêt à faire face à d'éventuelles hostilités. Ils cherchent à démontrer leur courage, leur puissance, leur force et sont à l'origine de nombreux conflits parcequ'ils savent aussi se montrer très offensifs, voire agressifs. Leur force se transforme alors en violence. Ils ne savent pas exprimer leur sensibilité qu'il considère souvent comme une faiblesse, une vulnérabilité. Dans le domaine professionnel, le 8 en excès se montre souvent dominateur, prompt à commander et excessivement courageux, débordant d'énergie, surmontant les obstacles sans peine. Il veut tout, tout de suite ce qui le rend difficile à vivre. Il épuise son entourage. Dans le domaine sentimental, il est dominant. Dans certains cas, l'homme porteur de cet excès est « dévirilisé » par sa constitution physique et développe toute sa force et son pouvoir dans ses capacités intellectuelles. Il cherchera à s'imposer mentalement et ne supportera pas la contradiction. Il peut se montrer despotique, intimidant, cassant, stratège ou manipulateur.

▶ **Le 9 : illusion - dévouement excessif – hyperémotif - rêveur insaisissable - souvent ailleurs - recherche d'exutoire.**

Le natif dont le 9 est en excès est souvent rêveur dans le sens où il cherche à se réaliser ou à vivre dans un monde idéal. Il est sujet aux illusions car il ne sait pas toujours voir et accepter la réalité environnante. Il est souvent déçu et rêve d'un monde à lui, un monde meilleur. Il aime les grands espaces et refuse l'étroitesse. Il aime voir grand. On peut le décrire comme quelqu'un de passionné, aux vues larges. Lorsqu'il s'implique , il le fait intensément en négligeant parfois sa vie personnelle ou familiale. Il est profondément émotif et peine à canaliser ses marées intérieures. C'est un être qui a besoin d'exaltation et de vivre des moments d'extrême émotion. Il n'aime pas l'ordinaire. Sa compréhension, sa compassion, son ouverture sans commune mesure et sa générosité au dessus de la moyenne se transforment parfois en naïveté. Il peut se laisser submerger par les problèmes du monde entier, se faire abuser ou prendre par les sentiments et vivre un sentiment d'impuissance qui le destabilise et le mine. Il peut vivre des moments de détresse et avoir envie de tout quitter, de partir loin, là où le monde reflète l'image idéalisée qu'il en a fait. Se sont souvent des personnes qui s'investissent dans les œuvres de charité, certains pour expier une faute. Ils sont souvent sujet aux complexe de rédemption. D'autres aiment s'intéresser et se passionner pour les sujets étranges tels que les ovnis, les conspirations, la psychologie, l'astrologie, les grandes découvertes, la vie après la mort, les complots, les fantômes... C'est une sorte d'exutoire, une manière d'échapper à la réalité et de donner de l'intensité à leur vie. Nombreux sont ceux qui vont aimer s'émerveiller devant un paysage grandiose et contempler au sommet d'une montagne l'étendue, ressentir la paix et goûter à l'espace de liberté sans limite. Un océan peut les combler aussi... Sur le plan affectif, ils ou elles se laissent facilement séduire par les grands discours, les déclarations d'amour, le romantisme et le merveilleux. Ils ou elles imaginent un amour passionné et idéal.

POUR COMPLÉTER CE PROPOS : LES NOMBRES « AGONISTES »

Dans ma pratique j'ai souvent noté la présence de ce que j'al nommé les « nombres agonistes ». Ce sont les nombres qui renferment des propriétés communes et qui vont, en s'associant créer une forme de synergie qui les conduira au renforcement de l'énergie et très souvent à l'excès, d'autant plus lorsqu'ils sont associés à un défi.

Prenons un exemple :

Imaginons un 5 dans le premier prénom, synonyme d'un besoin de variété et d'activités multiples. Il n'incline pas à l'effort prolongé même si on ne peut conclure à la paresse. Il est plutôt dynamique et prompt à l'action. Imaginons maintenant un 3 dans la case 5 de la grille d'inclusion. Le 3 et le 5 sont maintenant liés. L'interprétation de l'un ne va plus sans l'autre. De quoi nous parle le 3 ? Il nous indique dynamisme, multiplicité, besoin de facilité et d'Épicurisme...

Que remarque-ton ? Les nombres 3 et 5 possèdent des propriétés communes en matière de dynamisme, de curiosité et de faible propension à s'engager durablement dans l'effort. Tous deux ont besoin de facilité et de distractions.

Que peut-on en conclure ? Les énergies se stimulent et s'activent au contact de l'une et de l'autre. Résultat : du dynamisme mais des risques d'impulsions irréfléchies. De la curiosité mais des risques de dispersion, mais aussi un besoin de facilité accentué qui risque d'introduire la frivolité et une tendance à l'action non soutenue ou à la paresse si le thème le confirme... Un défi 3 ou 5 confirmera cette tendance.

Autre exemple : le 1 et le 7 sont des nombres qui partagent des propriétés communes en matière d'autonomie et de différenciation. Lorsqu'ils sont associés dans la grille d'inclusion par exemple (1 sur la case 7 ou 7 sur la case 1), ils vont, comme dans le cas précédent se stimuler et s'activer. Vous aurez alors affaire à une personne très indépendante qui cherchera à se démarquer à tout prix ou se sentira très différente ou éloignée du milieu dans lequel elle évolue. Elle cherchera à affirmer sa différence et sa singularité. Cela sera amplifié si par ailleurs, le nombre de structure est un 7 ou un 1. Un défi 1 ou 7 confirmera cette tendance.

> « Mieux vaut rester silencieux et passer pour un imbécile que parler et n'en laisser aucun doute. »
>
> Abraham Lincoln
>
> (**référence au nombre 3** – Communication et Humour)

ÉTAPE N° 23

COMPLÉMENT À L'ÉTUDE NUMÉROLOGIQUE

LES DRIVERS OU MOTS D'ORDRE

Taibi Khaler a introduit ce concept dans les années 70 et a décrit 5 « drivers », « mots d'ordre » ou encore « messages contraignants » selon la traduction faite par les différentes écoles. D'après lui, nous sommes tous régulièrement voire quotidiennement sous la dépendance de l'un ou plusieurs de ces drivers :

- **1 – Fais plaisir !**
- **2 – Sois fort !**
- **3 – Sois parfait !**   Messages contraignants
- **4 – Fais des efforts !**   de **Taibi Khaler**
- **5 – Dépêche-toi !**

Un psychologue Français, Meyer Ifrah, a pu observer dans sa pratique un driver supplémentaire qu'il a nommé **« Sois conforme ou ne te fais pas remarquer ! ».**

Inoffensifs en apparence, ils peuvent être « dangereux. » lorsque nous y répondont trop facilement.

Ainsi, croyant « bien faire », nos parents ou « éducateurs » en général (personnes de notre entourage proche qui ont participé à notre éducation, grands parents, professeurs, coachs...) nous ont abreuvé durant l'enfance, de messages renfermant des principes à la fois aidants (encourageants) et contraignants et auxquels nous avons été plus ou moins réceptifs en fonction de notre structure de base. Ils représentent un socle sur lequel s'est construit en partie notre système de valeurs. L' « obeissance » à ces mots d'ordre nous a permis d'être gratifiés en retour de l' « amour » de nos parents et plus largement de la reconnaissance de ceux qui nous ont inculqué ces principes. À l'âge adulte, nous continuons, parfois naïvement, de croire que notre valeur (être quelqu'un de bien) dépend des réponses que nous donnons à ces drivers. Ce mythe perdure car nous continuons à en recevoir même sur notre lieu de travail ! Nous les « ingérons » souvent de manière inconsciente et ils deviennent de véritables consignes auxquelles nous répondont tout aussi inconsciemment. Ils vont donc jouer un rôle important dans la façon dont une personne va se comporter vis à vis des autres. Par ailleurs, ils favorisent la dévalorisation et une faible estime de soi en raison de leur caractère bridant et injonctif. Cependant, chaque driver correspond à des qualités qui peuvent s'avérer bénéfiques, à la condition sine-qua-non d'en supprimer l'aspect contraignant et frustrant.

Ces drivers nous ont par conséquent conditionné et inhibé dans notre faculté à agir librement tant ils peuvent être perçu comme des injonctions. Ainsi, ces mots d'ordre contribuent, en partie, à la construction de notre personnalité. Nous en sommes en quelque sorte « prisonnier » jusqu'à ce que nous en prenions conscience. Une petite introspection et un rapide coup d'œil sur nos comportements s'imposent donc ici !

Une personne peu réceptive ou ayant « reçu » peu de drivers durant l'enfance, développera des conduites plus libres et plus assertives.

« Les drivers incitent à l'action. De ce point de vue, ils sont positifs. Cependant, ils incitent à agir avec une insistance qui ne souffre aucun délai et ne permet aucune dérogation. Sous ce second aspect, ils s'avèrent contraignants. »

Raymond Hostie

Il peut être utile, comme vous allez le constater, de connaître ces drivers pour l'interprétation d'un thème numérologique.

Sachez enfin que ces drivers sont parfois utilisés à nos dépens par des personnes manipulatrices qui ont su repérer en nous les messages auxquels nous sommes sensibles. Elles peuvent parvenir à éveiller le besoin de reconnaissance, de gratification, de valorisation et d'amour dont nous avons tous besoin… Cela nous conduit à être encore plus vulnérable et manipulable.

DESCRIPTION DES 5 DRIVERS

FAIS PLAISIR !

● **Messages typiques**[9] : « Fais plaisir à ta mère ! » ; « Tu me fais de la peine ! » ; « Ne sois pas égoïste ! » ; « Montre-toi dévoué ! » ; « Montre-toi conciliant ! »…

● **Signification** : il faut se montrer dévouer, aimable, gentil à l'égard des autres. Il faut satisfaire les autres pour être aimé. Ce n'est ni plus ni moins que du chantage affectif…

● **Exemples de comportements** : « J'accepte d'être frustré pour ne pas décevoir. » ; « J'agis pour satisfaire les autres. » ; « j'ai

---
[9]Ceux perçus dans l'enfance. Nous n'abordons pas ici les messages de la vie professionnelle.

besoin de faire plaisir aux autres pour me sentir aimé. » ; « Je n'ose pas dire non... » ; « Je peux cirer les pompes pour me faire aimer... ».

● **Croyances erronées :** « Ma valeur dépend de ma capacité à plaire aux autres. » ; « Je peux faire plaisir à tout le monde.» ; « Je dois me montrer dévoué. »

● **Exutoires :** Prendre le droit d'être à l'écoute de soi et de ses propres besoins avant ceux d'autrui. Savoir dire « non ! » quand cela va à l'encontre de nos intérêts et de notre bien-être personnel.

● **Avantages :** empathie et altruisme. Très souvent de bonne compagnie. Diplomatie. Bienveillance, gentillesse...

● **Inconvénients :** peur de décevoir. Se laisse envahir par les autres. Victime de son trop grand dévouement (ne fixe aucune limite). Soumission. Recherche d'approbation constante, déni de soi... potentiellement sujet aux complexes d'abandon et au complexe d'effacement. Homme dévirilisé, Œdipe, castration.

● **Correspondances numérologiques :** typiquement le 2 et le 9. parfois le 6. Le paramètre où se trouve le 2 sera lié aux injonctions sous-jacentes du « fais plaisir ! » et apportera son lot de conséquences positives et négatives. Exemple : un modulateur 2 sur la case 1 de l'inclusion (2 : CI 1) : l'action de « faire plaisir » renforcera l'estime que le sujet à de lui-même. La confiance en soi s'acquiert par retour de messages valorisants faisant suite à des conduites dévouées, de gentillesse, de bienveillance à l'égard d'autrui. L'être est empathique mais peut se laisser envahir et s'effacer au profit d'autrui surtout si défi ou 1 ou 2. Un 2 : CI 2 place ce driver en position dominante (rappelez-vous, il forme potentiellement un noyau). Un chemin de vie, un cycle, une année personnelle 2 peut concentrer l'attention du sujet sur les enjeux de ce message contraignant... La personne, peut, au cours de cette période, mener des actions « pour faire plaisir » à ses dépens... Dans la configuration du 2 : CI 1 et dans le cas d'un CV 1 ou d'un cycle de réailsation 1 le sujet sera fortement amené à balayer le driver « Fais plaisir ! », surtout en présence d'un défi 1, pour se mettre enfin à l'écoute de ses propres besoins et s'affirmer.

SOIS FORT !

● **Messages typiques :** « Il faut être courageux quand on est un grand garçon / une grande fille. » ; « Ce qui ne nous tue pas nous rend plus fort. » ; « Il faut savoir se débrouiller seul dans la vie ! » ; « Ne te plains pas, il y a plus malheureux que toi ! »...

● **Signification :** il ne faut pas montrer ses faiblesses, ses émotions ou ce que l'on ressent et paraître fort en toute circonstance. Il faut se méfier du langage des émotions.

● **Exemples de comportements :** méfiant à l'égard des autres ; souvent réservé ; ne laisse rien filtrer de ce qu'il pense ; ne dévoile pas ses sentiments ; pudeur ; peut afficher un large sourire tout en étant tétanisé par la peur...

● **Croyances erronées :** « Je n'ai besoin de personne. » ; « Je dois montrer aux autres que je suis fort ! » ; « Ma valeur dépend de ma force ou de celle que j'affiche publiquement. »...

● **Exutoires :** « Demander de l'aide n'est pas signe de faiblesse, j'ai le droit d'en solliciter ! » ; « J'exprime mes émotions ! »...

● **Avantages :** résistance aux situations de crise. Autonomie. Exigeance. Combativité. Maîtrise des émotions utile en certaines circonstances.

● **Inconvénients :** intolérence à l'égard de ceux qu'il considère comme faibles, rigidité, mépris. Peu affectif. Forteresse émotionnelle. Ne sais pas demander de l'aide parce qu'il considère cela comme une faiblesse. Est trop exigeant avec lui-même, ne se donne aucune limite, n'écoute pas les messages de son corps et ses émotions. Risque le « burn-out ». Potentiellement sujet au complexe sado-masochiste.

● **Correspondances numérologiques :** typiquement le 8, vous l'aviez deviné ! Un 8 ou un 22/4 dans l'expression du nom de famille, un 8 en nombre de structure... suggèrent largement les messages du driver « Sois fort ! ». L'expression des émotions est freinée, les consolations sont rares, l'empathie fait défaut...
Un 7 peut aussi mettre à distance les émotions et les « faiblesses » qu'elles trahissent...

SOIS PARFAIT !

● **Messages typiques :** « Tu peux mieux faire » ; « Oui, bof, c'est pas trop mal... ». L'indifférence à la présentation d'une réalisation, d'un travail, d'un dessin d'enfant... sont aussi et souvent, insidieusement porteur de ce message.

● **Signification :** il vaut mieux faire les choses parfaitement et ne rien laisser au hasard. L'amateurisme est proscrit.

● **Exemples de comportements :** a peur d'être jugé. Recommence, vérifie sans cesse. Se conduit comme un bourreau de travail. Sujet très exigeant à l'égard des autres. Supporte mal l'imperfection... Difficulté à estimer la valeur de son travail, à le présenter comme terminé...

● **Croyances erronées :** « Je dois être parfait pour être aimé ! » ; « On peut faire les choses à la perfection ! »...

● **Exutoires :** « Nous sommes tous imparfaits ! ». « J'ai le droit à l'erreur qui me fait grandir ! ».

● **Avantages :** sens du détail, appliqué, ordonné, sérieux, organisé, respect des délais et de la hiérarchie… Veut bien faire.

● **Inconvénients :** insatisfaction, peur, anxiété de mal faire, d'oublier. Contrôle excessif, recommence plusieurs fois les choses, à du mal à terminer et estimer la valeur satisfaisante d'un travail, d'une tâche… N'aime pas déléguer. Accorde trop de valeurs à certains détails. Actions superflues chronophages. Potentiellement sujet au complexe de culpabilité et au perfectionnisme… hyper-contrôle de soi…

● **Correspondances numérologiques :** Le 4, digne représentant du complexe de culpabilité s'accorde parfaitement à ce mot d'ordre dont il connaît parfaitement (fiabilité oblige !) les rouages. Si vous rencontrez une personne dont le nombre de structure (total des consonnes des prénoms et du nom) est équivalent à un 13/4 vous aurez alors devant vous un sujet qui vivra assez mal toute remarque négative sur la qualité de son travail. La simple évocation d'une possible faille suffit ! Avec un noyau 4, cette tendance sera alors décuplée ! Le 6 également, par son exigence et parfois son intransigeance véhicule assez bien les croyances erronées de ce driver.

FAIS DES EFFORTS !

● **Messages typiques :** « Donne-toi un peu de mal ! » ; « On a rien sans rien ! » ; « Montre que tu fais des efforts ! »…

● **Signification :** Il faut faire des efforts, s'engager dans des tâches pénibles ou difficiles pour obtenir des signes de reconnaissance.

- **Exemples de comportements :** complique les choses et se complique l'existence en se croyant obligé de « ramer » en toutes circonstances et montrer qu'il en « bave » pour se faire bien voir. Craint la critique en cas de réussite facilement acquise. Aime être plaint. Peut être nerveux, agité.

- **Croyances erronées :** il faut sans cesse faire des efforts, ne rien lâcher et s'acharner sans jamais lâcher prise. Toute réussite valable passe par des efforts pénibles.

- **Exutoires :** « J'ai droit à la reconnaissance même quand je ne travaille pas dur ! » ; « J'ai le droit d'obtenir des résultats facilement ! » ; « Je ne dois pas obligatoirement souffrir pour me sentir reconnu ! » ; « Je n'ai pas besoin d'être éprouvé pour obtenir ce dont j'ai besoin ! »…

- **Avantages :** patient, persévérent, scrupuleux, se retrousse les manches et paye de sa personne pour faire aboutir les projets. Sens de l'effort. Volonté.

- **Inconvénients :** entêté. Ne s'autorise que peu de plaisirs. Parfois pessimiste. Minimise les résultats obtenus facilement.

- **Correspondances numérologiques :** un 8 ou un 4 en nombre de motivation (total des voyelles des prénoms et du nom) indique un sujet qui ne se donne pas le droit d'obtenir les choses facilement. Ce message contraignant est en relation étroite avec le complexe masochiste. Un 5 ou un 3 en case du mode « physique » (voir plus haut le tableau des plans d'expression) sera potentiellement révélateur de cette tendance, tout comme un modulateur 4 sur la case de l'inclusion 5 (4 : CI 5) ou 3 (4 : CI 3). Le sujet met alors les difficultés et la notion de mérite sur les domaines du plaisir et de la facilité.

DÉPÊCHE-TOI !

● **Messages typiques :** « Tu es trop lent ! » ; « Dépêche-toi ! » ; « Tu traînes encore ! » ; « Remue-toi ! »...

● **Signification :** il est préférable d'aller vite et d'être pressé en permanence plutôt que de prendre son temps.

● **Exemples de comportements :** s'agite toute la journée. Commence de nombreuses activités sans en terminer une seule. Court sans arrêt. Prend du retard ou arrive en retard. Se met la pression pour en faire toujours plus. Prend à sa charge plus de travail qu'il ne peut en faire. Se focalise sur le temps et n'aime pas la lenteur et les gens lents. Déplace beaucoup d'air. Fatigue son entourage. Tornade... Ne prend pas le temps d'expliquer les choses. Il dit souvent : « Je n'ai pas le temps... ». Préfère la rapidité à la qualité.

● **Croyances erronées :** On peut ou on doit faire les choses rapidement. Il est essentiel d'aller vite, d'être prompt pour recevoir des signes de reconnaissance.

● **Exutoires :** oser affirmer : « Courir partout et sans arrêt me fatigue... » ; « J'ai le droit de prendre mon temps ! » ; « Prendre le temps d'approfondir un sujet ou de terminer une action avant d'en commencer une autre me permettra de me structurer »...

● **Avantages :** rapidité, réactivité. Sait mener les actions de courte durée dans des délais très courts. Vivacité. Sait travailler dans l'urgence. Va droit au but. Ne s'embarasse pas du superflu.

● **Inconvénients :** agitation, impatience. S'ennuie rapidement. Travail peu qualitatif. Surestime ses capacités. Mauvaise gestion du temps. Peu d'entrain dans les missions de longue haleine.

S'éparpille, fait les choses à moitié... Potentiellement sujet au « syndrome des bottes de 7 lieux » et parfait sujet d'étude de la psychologie de l'impatience[10]. Mémoire défaillante (rapport au temps).

● **Correspondances numérologiques :** Le 5 et son impatience légendaire qui le fait passer d'une chose à l'autre avec le désir de brûler les étapes. Il combat l'emprise du temps qui l'angoisse et le conduit à trois écueils : la négligence, le stress et la fatigue. Une constellation des nombres 1, 3 et 5 dans les nombres majeurs confirmera cette tendance. De même que ces nombres dans les assemblages de la grille l'inclusion. Exemple : un 3 : CI 5 (modulateur 3 dans la case 5) sera révélateur d'impatience ou de négligence surtout si défi 3 ou 5 et 3 ou 5 dans le 1er prénom, le nombre d'expression ou encore le nombre de structure. Un 1 dans le nombre de structure (total des consonnes des prénoms et nom), le nombre d'expression ou encore celui du nombre central intensifiera une tendance à l'impatience...

SOIS CONFORME ! OU SOIS LOYAL !

● **Messages typiques :** « Ne te fais pas remarquer[11] ! » ; « Ne me déçois pas ! » ; « Sois discret s'il te plaît ! » ; « Tu seras comptable comme ton père ! » ; « Ne t'écarte pas des valeurs familiales ! »...

● **Signification :** il ne faut surtout pas se faire remarquer et se fondre dans la masse. Il est bon de suivre les schémas familiaux et ne pas s'en écarter. Il faut éviter de prendre des chemins de traverse...

● **Exemples de comportements :** Choisir des vêtements « passe-partout » pour ne pas attirer l'attention. Faire en sorte de rester

---

[10] Voir : Vous avez dit névrose ? Patrick Estrade – éditions Dangles.
[11] Dans le clan familial et plus généralement dans la société.

le plus discret possible. Ne pas faire de bruit. Faire le même métier que ses parents pour ne pas les decevoir. Ne s'autoriser aucune fantaisie. Éviter les couleurs criardes. Rester « dans les clous ». Obéir aux injonctions familiales, ne pas « trahir le clan ou la patrie »... Ne faire preuve d'aucune originalité... Rechercher des modèles auxquels se conformer.

● **Croyances erronées :** « Ma valeur dépend de ma fidélité aux normes fixées par les autres (famille, société, pays, entreprise, époux, épouse...) » ; « Il ne m'est pas permis d'être différent ! » ; « Je dois suivre les règles à la lettre ! » ; « Je dois être conforme à ce qui m'est demandé ! » ; « Être différent revient à s'exclure ou se faire exclure, à renier mes racines et mes origines ! »...

● **Exutoires :** « J'ai le droit de faire des choix personnels ! » ; « Je peux, si je le souhaite, aller à l'encontre des décisions prises pour moi, par mes parents ou le clan familial ! » ; « J'ai le droit de m'extirper du clan (familial, professionnel...) afin de faire naître ma singularité et afficher au grand jour mon originalité ! » ; « J'existe, je suis différent ! » ; « J'ai le droit de faire les choses à ma façon ! » ; « J'ai mes propres repères moraux ! »...

● **Avantages :** Un sécurité toute relative, une vie toute tracée avec l'illusion d'éviter les embûches et de traverser tranquillement mais sûrement la vie. Vie qui comporte peu de risques et peu de stress.

● **Inconvénients :** Le sujet aura du mal à trouver sa voie et à exprimer son originalité. Il peut se trouver enfermer dans des schémas qui ne lui appartiennent pas. Il aura du mal à donner un élan créatif à sa vie et à faire des choix personnels. Il pourra être réfractère à la nouveauté et à l'originalité. Il est peu sensible aux stimuli extérieurs, aux monde qui change... Difficulté à se remettre en question et à évoluer sur le plan personnel. Peu enclin à élargir sa zone de confort. Manque d'ouverture sur les autres et le monde, inhibition des valeurs personnelles… Vie sans fantaisie, terne, banale… Peu de surprises… Frustrations et limitations personnelles.

● **Correspondances numérologiques :** Le 4 en excès qui suit les règlements à la lettre et tente de rester fidèle à la lignée sans jamais prendre la liberté d'écrire son propre scénario… Le 6 par sa fidélité aux injonctions familiales, à la patrie, au groupe d'appartenance peut être aussi porteur de ce driver…

LES AUTRES DRIVERS

Mes observations m'ont amené à considérer d'autres drivers qui conditionnent certains d'entre nous à mener des actions dans des directions bien spécifiques. Encourageants mais toujours aussi contraignants !

GAGNE ! OU SOIS LE MEILLEUR !

● **Messages typiques :** « Tu dois gagner ! » ; « Tu dois arriver le premier ! » ; « Montre leur de quoi tu es capable ! » ; « Sois le premier de la classe ! » ; « Je veux que tu sois le meilleur ! ».

● **Signification :** Seul la première marche du podium est honorable et mérite la considération et l'amour d'autrui…

● **Exemples de comportements :** arrive le premier partout et en toutes circonstances (réunion de travail, repas de famille…). Double tout le monde et sans scrupule dans les files d'attente. Entre en compétition avec tout le monde à la moindre occasion, y compris pour des choses insignifiantes. Est blessé en cas de défaite. Revanchard.

● **Croyances erronées :** « Il n'y a qu'un seul gagnant ! » ; « Être second est dévalorisant ! » ; « Je dois montrer que je suis plus fort que les autres (et prouver qu' « ils » sont moins forts que moi) ! » ; « Il faut être le meilleur au monde dans sa discipline, on ne vaut sinon rien ! »...

● **Exutoires :** « j'ai le droit de perdre » ; « Je peux être second sans que cela représente pour autant une défaite ou un déshonneur ! » ; « Je peux être second et malgré cela susciter l'admiration ! » ; Ex : Raymond Poulidor, l'éternel second ! « Je ne suis pas obligé d'entrer en compétition avec tout le monde en toutes circonstances ! » ; « Vouloir gagner à tout prix me met sous tension permanente, je dois en prendre conscience ! » ; « Les autres peuvent être plus fort que moi, cela n'est pas un problème et ne détermine en rien ma valeur humaine ! »...

● **Avantages :** super compétiteur. Accepte tous les challenges. Très actif. Conquérant. Prend facilement des initiatives.

● **Inconvénients :** finit par sous-estimer les autres et peut développer un complexe de supériorité voire une forme de mégalomanie. Il peut user de stratagèmes, de ruses pour arriver à ses fins tant son besoin de gagner est maladif. Mépris des autres. Peu assertif.

Conséquences : le sujet est en tension et en compétition constante avec les autres. Il se sent dévalorisé, il se déprécie s'il arrive deuxième ou quand il fait face à quelqu'un de plus « fort » que lui... Un égo sur-développé le caractérise. Seul compte la victoire et non le plaisir de l'action. Prétentieux. Le sujet admet difficilement ses défaites. Il peut se montrer condescendant. Il peut être orgueilleux et très mauvais perdant.

● **Correspondances numérologiques :** le 1 et le 8 pour lesquels gagner est une valeur importante. Ils peuvent en oublier le plaisir de jouer même lorsqu'ils participent à un tournoi de tennis de table entre amis ! Ils sont sujets aux complexes de supériorité et à la mégalomanie.

SOURIS ! SOIS AGRÉABLE !

● **Messages typiques :** « Souris ! » ; « Montre toi sympathique » ; « Essai de faire bonne impression, montre toi enthousiaste ! »…

● **Signification :** apparaître toujours de bonne humeur aux yeux des autres est un atout précieux. « Je dois me montrer enthousiaste et souriant en toutes circonstances ! » ; « Je dois faire semblant ! »…

● **Exemples de comportements :** siffle en permanence, chante, blague. Affiche un sourire inaltérable. Faussement enjoué. Porte le masque de la bonne humeur. Rit facilement. Sautille. Culte de l'apparence. Prédominance de l'expression des intentions sur l'acte. Velléités.

● **Croyances erronées :** « La bonne humeur est un état permanent ! » ; « Je dois montrer aux autres que je suis heureux et enthousiaste pour réussir et être aimé ! » ; « Cela m'aidera à faire face et à être apprécié de tous ! »…

● **Exutoires :** « Rien ne m'oblige à être souriant ou agréable de manière constante ! » ; « J'ai d'autres émotions que je peux accepter et exprimer ! » ; « Tous les projets ne m'enthousiasme pas forcément ! » ; « Je ne suis pas obliger de porter un masque social ! » ; « Je peux à la fois être authentique et être aimé ! »...

● **Avantages** : sourire commercial, accueil perçu comme sympathique. Vecteur de bonne humeur souvent.

● **Inconvénients** : sourire forcé qui manque de naturel, d'authenticité. Comédien... Épuise ses zigomatiques... Il peut être en décalage émotionnel dans certaines situations. Peut être agaçant, épuisant et perçu comme quelqu'un de désinvolte.

● **Conséquences** : le sujet n'est que rarement à l'écoute de ses émotions. Son comportement est stéréotypé. Il peut faire planer un doute sur son authenticité. Il peut rapidement donner l'impression d'être « faux » et peu fiable. Peut être perçu comme quelqu'un qui parade...

● **Correspondances numérologiques** : le 5 et le 3 sont typiquement les nombres capables de jouer la comédie et de porter un masque socialement valorisant.

SOIS DIFFÉRENT ! OU DÉMARQUE-TOI !

● **Messages typiques** : « Ne fais pas comme ton cousin ! » ; « Montre toi original ! » ; « Tu dois absolument te démarquer si tu veux réussir ! » ; « Il n'y a rien d'extraordinaire à cela ! »...

● **Signification** : à contre courant du message « Sois conforme », le driver « démarque-toi » suggère au sujet d'éviter d'être comme tout le monde. Se fondre dans la masse et rédhibitoire.

● **Exemples de comportements** : rejet du banal, recherche de l'exploit. Excentricité. Ne souhaite pas passer inaperçu. Critique à l'égard des traditions et des normes. Anticonformiste. Recherche de l'originalité à tout prix !

● **Croyances erronées :** « Je dois mener des actions hors du commun pour exister ! » ; « Je dois sortir du lot à tout prix et ne ressembler à personne ! »...

● **Exutoires :** « Rien ne m'oblige à rechercher sans cesse à être différent ! » ; « Je peux être simplement moi-même et ressembler, par certains aspects à d'autres personnes ! » ; « Je prend conscience que ce sont aussi les ressemblances qui nous lient les uns aux autres ! » ; « Toutes les « vielles » idées sont potentiellement utiles et valables ! » ; « Nous sommes naturellement tous différents sans que nous n'ayons besoin de faire d'efforts démesurés pour cela ! »...

● **Avantages :** recherche d'idées originales et astucieuses. Développement d'un tempérament inventif et créatif. Qualité d'observation de l'environnement. Vecteur de progrès. Avant-gardiste.

● **Inconvénients :** se compare souvent à autrui. Rejet de la société, des normes. Lutte pour parvenir à trouver son unicité et se démarquer en permanence. Se marginalise. Ne tient pas toujours compte de ce qui à déjà fait ses preuves. Peu sensible au passé et au « déjà vu ». Anticonformiste radicalisé !

● **Conséquences :** le sujet peut avoir du mal à s'intégrer tant il cherche à se démarquer. Il peut devenir orgueilleux et s'isoler.

● **Correspondances numérologiques :** le 7 n'aime pas la banalité et cherche à être différent souvent pour compenser un sentiment d'infériorité. Il cherche à se démarquer. Sa vie intérieure est riche et elle peut être le berceau d'idées de

« génie » ! Rejet viscéral du conformisme. Il est parfois à contre courant des idées communément admises . C'est en cela qu'on le considère souvent solitaire ou marginal. Il n'est cependant pas forcément introverti !

À RETENIR :

Nous avons tous en nous un ou deux drivers particulièrement actifs mais ils peuvent parfaitement tous guider nos actes à tour de rôle. Précisons que ces drivers ou messages contraignants sont véhiculés soit directement par la parole et sont de fait perçus de manière claire et explicite, soit indirectement par le biais d'un langage non verbal, des gestes ou certaines attitudes ou comportements non équivoques.

→ Et vous, à quel(s) driver(s) êtes-vous inféodé ?

→ En quoi sont-ils un problème dans vos conduites ?

→ En quoi sont-ils avantageux, en quoi sont-ils un moteur pour vous ?

→ De quel(s) aspects aimeriez-vous vous débarasser ?

→ Allez-vous modifier certains de vos comportements ?

→ Si oui, quand ?

CONCLUSION

« On nous élève par comparaison ; toute notre éducation est basée là-dessus, et notre culture aussi. Aussi nous efforçons-nous de devenir une autre personne que nous-même. »

Krishnamurti

« Pour connaître un homme, voyez les moyens qu'il emploie, observez ce qu'il recherche, examinez ce en quoi il met son bonheur. »

Confucius

Nous arrivons au terme de cette initiation. Elle aura, je l'espère, apporté des réponses à certaines de vos interrogations.

Vous avez sans doute remarqué, qu'en dépit de son apparente facilité, la numérologie s'avère plus complexe qu'il n'y paraît !
Elle nécessite en réalité beaucoup de travail si l'on souhaite la pratiquer avec sérieux et obtenir des résultats. Les possibilités de perfectionnement sont infinies mais il faut savoir faire preuve d'humilité et accepter de ne pas pouvoir faire la lumière sur tout. La modestie n'est pas un vain mot dans les sciences humaines et encore moins en numérologie.

À l'instar de chacun d'entre nous, la numérologie est une discipline en constante évolution. Elle nous oblige, sans cesse, à élargir notre vision du monde et notre éventail de savoirs, notre champ de compétences. Mais plus on l'étudie, plus on se rend compte que l'on ignore beaucoup de choses et que de nombreux éléments nous échappent. Cela nous oblige encore une fois à faire preuve d'honnêteté et de sagesse. Ainsi, en permanence, elle nous donne des occasions de nous découvrir davantage et d'avancer vers l'accomplissement. Elle nous aide à nous poser les bonnes questions au bon moment pour prendre ainsi des décisions éclairées. Chaque nombre est donc l'occasion d'un questionnement :

1 – Ai-je assez d'assurance et d'autorité ?
2 – Est-ce que je laisse suffisamment s'exprimer mes émotions ?
3 - Suis-je quelqu'un d'optimiste ?
4 - Sais-je fixer des limites ?
5 - Ai-je mon propre espace de liberté ?
6 - Est-ce que je prends soin de moi, est-ce que je m'aime ?
7 - Ai-je l'impression d'être isolé ou marginal ? Pourquoi ?
8 - Suis-je suffisamment combatif ?
9 - Quel est mon message de sagesse ?

Lorsque l'on aborde l'étude d'un « thème numérologique », il est préférable de le faire sans précipitation. Il faut prendre le temps d'observer et d'analyser, de faire le lien entre les différents paramètres qui le composent. Il faut aussi envisager les nombres dans leurs aspects positifs et non punitifs, même lorsqu'il s'agit d'un nombre en intensité nulle ou d'un défi. Le thème est avant tout représentatif d'un ensemble d'opportunités de croissance et non d'une liste d'épreuves punitives ou « karmiques ». Si des écueils encombrent notre chemin, il faut avant tout les clarifier, prendre conscience de leur origine, en tirer les leçons et tenter de modifier nos conduites ou l'environnement qui les génèrent ! Acceptons aussi que quoi que nous fassions, nous ne pouvons pas infailliblement réussir à la première tentative ! Il faut aussi voir les nombres comme des propositions de transformation à partir desquelles nous allons pourvoir faire émerger des ressources que nous ne soupçonnions pas et qui nous rendrons plus forts, plus lucides sur nous-même et notre parcours.

Si vous souhaitez approfondir vos connaissances, faire une pratique régulière de la numérologie ou proposez votre expertise, exercez-vous régulièrement, intégrer progressivement le symbolisme des nombres en observant ce qui se passe autour de vous, vos proches, l'actualité et les divers évènements de la vie quotidienne. Tel ou tel comportement vous fera penser à telle ou telle combinaison de nombres, telle situation vous semblera correspondre au nombre 1, 2, 11, 5 ou encore 9... On apprend beaucoup en observant... Lisez aussi en faisant le parallèle avec les nombres comme je l'ai fait avec les quelques proverbes et citations disséminés tout au long de cet ouvrage.

Les sages chinois ont coutume de dire qu' « une montagne, si haute qu 'elle soit, craint un homme lent ! ». Cela fait écho à une qualité indispensable à l'ascension d'une montagne jusqu'à son plus haut sommet ! Avez-vous trouvé à quelle(s) valeur(s) ce proverbe fait référence ? À quel(s) nombre(s) vous fait-il penser ?

Pour terminer, je voudrais vous encourager à réaliser par vous-même l'analyse de votre propre schéma numérologique, à trouver par vous-même le chemin qui vous correspond le mieux et ainsi vous engager à rester toujours plus libre !

« Soyez vous-même, tous les autres rôles sont déjà pris ! »

Oscar Wilde

BIBLIOGRAPHIE

ABC de la numérologie – Jean-Daniel FERMIER – éd. J. Grancher

Le grand livre de la numérologie – François NOTTER – éd. de Vecchi

Le livre des cycles – Jean-Daniel FERMIER – éd. J. Grancher

Numérologie-psychologie – Françoise DAVIET – éd. G. Trédaniel

Les nombres, reflet de l'âme, clé du devenir – Philippe de LOUVIGNY - éd. Dangles

Votre chemin de vie – Dan MILLMAN – éd du Roseau

La numérologie de L'Ère du verseau – Lynn BUESS – éd du Rocher

TABLE DES MATIÈRES

Avertissement..5
Introduction..9

Quelques principes liés à la pratique de la numérologie..............13
Cultivez la cohérence personnelle en identifiant et en respectant vos valeurs personnelles...21

PREMIÈRE PARTIE
Le symbolisme des nombres

Les 4 éléments naturels et les nombres......................................28
Présentation générale des nombres...37
Les maîtres-nombres...49
Citations..53

DEUXIÈME PARTIE
Les 23 étapes de l'analyse numérologique

Les données utiles aux calculs...58
Comment effectuer les calculs ?..60
Présentation du sujet d'étude..64

ÉTAPE 1
Chiffrage des nom et prénoms...65

ÉTAPE 2
Le nombre de structure..66
Calcul du nombre de structure..68
Interprétation du nombre de structure......................................69
Le nombre d'impulsion structurelle..75
Interprétation du nombre d'impulsion structurelle.................76

ÉTAPE 3
Établissement de la grille d'inclusion...76

ÉTAPE 4
La case 1 de la grille d'inclusion : le positionnement personnel. .80

ÉTAPE 5
Les autres cases de l'inclusion..86
Comment interpréter la grille d'inclusion.................................87
Généralités sur l'interprétation des modulateurs dans les domaines...88
Interprétations les plus fréquentes des nombres manquants ou en intensité nulle..89
Les autres modulateurs..90
Pistes d'interprétation pour l'inclusion.....................................93

ÉTAPE 6
Le nombre actif..108
Calcul du nombre actif..108
Interprétation du nombre actif..109

ÉTAPE 7
Le nombre pivot 115
Calcul du nombre pivot...115
Interprétation du nombre pivot...116

ÉTAPE 8
Le nombre de motivation 119
Calcul du nombre de motivation 119
Interprétation du nombre de motivation 120
Le nombre d'impulsion de la motivation 124
Interprétation du nombre d'impulsion de la motivation 124

ÉTAPE 9
Le nombre d'évolution 126
Calcul du nombre d'évolution 126
Interprétation du nombre d'évolution 127

ÉTAPE 10
Le nombre d'hérédité 130
Calcul du nombre d'hérédité 131
Interprétation du nombre d'hérédité 131

ÉTAPE 11
Le nombre d'idéalité 134
Comment le trouver ? 134
Interprétation du nombre d'idéalité 135

ÉTAPE 12
Le nombre d'expression 136
Calcul du nombre d'expression 137
Interprétation du nombre d'expression 137
Complément à l'analyse du nombre d'expression 140
La première lettre du 1er prénom 140

ÉTAPE 13
Les plans d'expression 142
Les lettres mentales 144
Les lettres physiques 144
Les lettres affectives 144

Les lettres intuitives 145
Clés d'interprétation.. 148

ÉTAPE 14
Le nombre des initiales du prénom usuel et du nom................... 150
Calcul du nombre des initiales... 150
Interprétation du nombre des initiales....................................... 150

ÉTAPE 15
Le nombre d'équilibre... 151
Calcul du nombre d'équilibre.. 152
Interprétation du nombre d'équilibre... 152

ÉTAPE 16
Le chemin de vie.. 155
Calcul du chemin de vie.. 156
Interprétation du chemin de vie.. 156

ÉTAPE 17
Le nombre central... 172
Calcul du nombre central.. 172
Interprétation du nombre central.. 173

ÉTAPE 18
Les défis du chemin de vie.. 175
Calcul des défis.. 176
Interprétation des défis... 179
Comment déterminer la tendance plutôt à l'excés ou à
l'insuffisance d'un défi ?... 185

ÉTAPE 19
Les sous-cycles du chemin de vie... 189
Calcul des sous-cycles du chemin de vie................................... 189
Durée des sous-cycles du chemin de vie................................... 191

Interprétation des sous-cycles du chemin de vie..........................192

ÉTAPE 20
Les cycles de réalisation du chemin de vie....................................197
Le calcul des cycles de réalisation du chemin de vie....................197
Durée des cycles de réalisation du chemin de vie........................200
Interprétations des cycles de réalisation du chemin de vie........202

ÉTAPE 21
Les années personnelles..206
Calcul de l'année personnelle..207
Digression concernant le coronavirus et l'année 2020................209
Proposition d'interprétation des années personnelles...............213

ÉTAPE 22
Les nombres en excès : les « noyaux »..216
Comment déterminer l'excès d'un nombre ?.............................216
Les nombres antidotes...217
Interprétation des nombres en excès...221
Pour compléter ce propos : les nombres « agonistes »..............229

ÉTAPE 23
Complément à l'étude numérologique.......................................231
Les drivers ou mots d'ordre...231
Description des 5 drivers..233
Les autres drivers...242

Conclusion..248

Bibliographie...251

Frédéric SCHULZ

62119 Dourges (France)

numerologie.dynamique@gmail.com

Printed in France by Amazon
Brétigny-sur-Orge, FR